Edouard Desor

Aus Sahara und Atlas

vier Briefe an J. Liebig von E. Desor

Edouard Desor

Aus Sahara und Atlas
vier Briefe an J. Liebig von E. Desor

ISBN/EAN: 9783744671958

Hergestellt in Europa, USA, Kanada, Australien, Japan

Cover: Foto ©berggeist007 / pixelio.de

Weitere Bücher finden Sie auf **www.hansebooks.com**

Taf. I.

Dattelbau in den Ritan.

Lith. de H. Furrer

AUS SAHARA UND ATLAS.

VIER BRIEFE AN J. LIEBIG

VON

É. DESOR.

MIT DREI TAFELN.

WIESBADEN.
C. W. KREIDEL'S VERLAG.
1865.

Vorwort.

Die beifolgenden Skizzen wurden auf Veranlassung des Herrn Prof. J. v. Liebig für das deutsche Publikum verfasst und sind in Brieform grossentheils in der *Allgemeinen Zeitung* erschienen. Sie behandeln nur einzelne wissenschaftliche Fragen und haben nicht die Prätention, weder eine Schilderung unserer Reise noch ein vollständiges Bild der Wüste zu geben. Für beides wird auf die Arbeit unseres Freundes und Reisegefährten, Herrn Prof. Martins, „*Tableau physique du Sahara oriental*" in der *Revue des deux Mondes* 1864 verwiesen. Einzelnes ist auf Verlangen zur Ergänzung und Vervollständigung hinzugekommen, so namentlich der Anhang über die Dolmen in Form eines Briefes in der *Kölnischen Zeitung* an Herrn Prof. K. Vogt.

Für die deutsche Bearbeitung dieser Skizzen bin ich meinem Collegen, Herrn Prof. Born, zu Danke verpflichtet.

Neuchâtel, im September 1865.

E. D.

Inhalts-Verzeichniss.

Vorwort.
Erster Brief.
    Anlass zur Reise 1
    Verschiedene Typen von Oasen 4
    Der Dattelbau in den Ziban 5
    Die Wüste Mouzad 6
    Das Oued-Rhir 10
    Artesische Brunnen 11

Zweiter Brief.
    Der Dattelbau in den Ritan 16
    Die sogenannten Dünen oder Aregs 21
    Die Krystallhäuser 25
    Aufnahme beim Chalifa 29
    Rückkehr mit der grossen Karawane 34

Dritter Brief.
    Die Beziehungen der Wüste Sahara zu dem Alpen-Klima und der früheren Ausdehnung der Gletscher 40
    Einfluss des Föhns 46
    Alter der Wüste 48
    Einwendungen gegen die Escher'sche Theorie 50

Vierter Brief. Seite

Ueber die vorhistorischen (celtischen) Denkmäler im Norden von Afrika . . 54

Die Dolmen von Bu-Merzug 55

Schujas oder Todtengemächer in der Umgegend von Batna . . 56

Berbrugger's erste Erklärung der celtischen Denkmäler in Afrika . . 57

Beziehung zu den Tamhu 59

Ursprüngliche Heimath der Dolmen . 60

Anhang.

Die neuen Forschungen über die Dolmen . . 62

Erklärung der Tafeln.

Tafel I. Durchschnitt eines Bitan oder künstlichen Kessels, zur Veranschaulichung des Dattelbaues in den Oasen des Suf. Die Dattelbäume zeichnen sich sowohl durch ihre langen Palmen, ihre grossen, üppigen Datteltrauben, als durch ihren kräftigen aber kurzen Stamm aus, welcher nach unten durch den Ansatz der Luftwurzeln zu einem wahren Sockel anschwillt.

Man sieht an dem Rand des Kessels die Aufeinanderfolge der Schichten, nämlich:

        a. Der aufgeworfene Schutt;

        b. Sandschicht mit kleinen Geröllen;

        c. Gypsschicht;

        d. Feine Sandschicht;

        g. Niveau des Wassers.

Den Senkbrunnen, welcher zur Bewässerung der Gemüsegärten auf halber Höhe des Abhanges angebracht ist, hat man sich, wie die Schichten selbst, im geologischen Profil zu denken, als ob der Bitan in der Mitte durchgeschnitten wäre.

Tafel II stellt unser Nachtlager in der Behausung des Scheiks von Guemar (der zweitgrössten Oase des Suf) vor, zur Veranschaulichung der dort gebräuchlichen Bauart, wo die Dächer allgemein durch Kuppeln ersetzt sind. Die Pferde sind für die Nacht mit den Füssen am Spannstrick gefesselt. Neben denselben hängen die mit Wasser gefüllten Bocksfelle.

Tafel III. Zwei Auswaschungskessel mit Uebergussschichtung und Muschelfragmenten. Die Stelle, wo das CARDIUM EDULE gefunden und dadurch der marine Charakter der ganzen über ein weites Gebiet sich erstreckenden Sandschicht festgestellt wurde, ist mit C bezeichnet. Die Figur soll den Maasstab der Höhe angeben.

Erster Brief.

Anlass zur Reise. — Verschiedene Typen von Oasen. — Der Dattelbau in den Ziban. — Die Wüste Mourad. — Das Oued-Rhir. — Artesische Brunnen.

Als ich vor zwei Jahren das Vergnügen hatte, Sie in Combe-Varin zu besitzen und wir mit gespannter Aufmerksamkeit Ihren interessanten Erörterungen über die Geschichte des Feldbaus zuhörten, dachte ich nicht, dass ich sobald im Falle sein würde, Ihnen aus der afrikanischen Wüste Bestätigungen für Ihre Lehre vom Dünger zuführen zu können. Selbst im folgenden Jahre, als ich Gelegenheit hatte, Ihnen meinen Freund Martins in Lugano vorzustellen, war nur eventuell von einer Reise nach Algier die Rede. In seiner Eigenschaft als Professor an der medizinischen Facultät von Montpellier im Herbst 1863 zu den Prüfungen der medizinischen Schule in Algier berufen, forderte Martins mich auf, einige Excursionen in den Atlas mit ihm zu machen. Dieses Gebirge hatte für ihn, den Botaniker, grosses Interesse, und er zweifelte nicht, dass es auch mir, wegen seiner Aehnlichkeit mit dem Jura, in geologischer Beziehung manches Beachtenswerthe darbieten würde. Neben der fachwissenschaftlichen Ausbeute war es wohl auch der Mühe werth, die Stadt Algier, ihre wundervolle Bucht, die Ueberreste ihrer grossen Vergangenheit und unter den modernen Einrichtungen diejenigen des *jardin d'acclimatation* kennen zu lernen. Auch stand die Möglichkeit in Aussicht, die Reise bis Constantine auszudehnen, ja einen Abstecher zu den Kabylen zu machen, vorausgesetzt, dass sich bis dahin Alles nach unsern Wünschen gestalte. Ganz schüchtern war wohl auch der Gedanke aufgetaucht, möglicherweise bis Lambessa, wenn nicht gar bis Biskra, an den Saum der Wüste, vorzudringen. Solche Hoffnungen getraute man sich jedoch nicht offen auszusprechen, denn wer hätte es auf sich genommen, die Befürchtungen der Frau Martins so weit wachzurufen?

Der Vorschlag schien mir um so verführerischer, als ich annehmen durfte, wenn es mir gelang, mich von zahlreichen wissenschaftlichen und staatlichen Beschäftigungen frei zu machen, dass Freund Escher von der Linth, mein alter Gefährte bei den Untersuchungen im Hochgebirge, sich vielleicht uns zugesellen würde, und dass nach dem schmerzlichen Verlust in seiner Familie eine solche Reise ihm eine wohlthuende Zerstreuung bieten dürfte.

Den 19. October 1863 landeten wir in Algier. Wie Sie sich leicht vorstellen können, ward der Drang nach der Wüste stärker und stärker, als wir einige kleine Excursionen in's Innere gemacht hatten. Und als wir gar, in Constantine, der alten Numidenstadt, angelangt und von den Behörden auf das Zuvorkommendste empfangen wurden, und man unsern Wünschen mit den Worten entgegenkam, dass wir nothwendig auch das Charakteristischste dieses Welttheils, die *Wüste* sehen müssten, da bedurfte es kaum noch des Zuredens. So weit wage sich zudem jeder Tourist. Sollten wir, als Naturforscher, nicht in's Innere bis Tuggurt vordringen und bei dieser Gelegenheit die Oasen des Oued-Rhir besuchen? Es musste uns dieser Plan um so mehr gefallen, als General Desvaux bei den noch vorwaltenden Zweifeln dahin den Ausschlag gab, dass er uns nach einem zweiten Besuch mittheilte, wie ihm daran gelegen sei, unsere Untersuchungen nach Kräften zu fördern; er würde uns, wenn wir wirklich nach Tuggurt gehen wollten, der Obhut eines seiner Lieblingsoffiziere, des Kapitäns Zickel, derzeit Direktor der artesischen Bohrungen im Oued-Rhir, empfehlen. Dieser werde uns ausserdem, da er eben im Begriff sei, eine Rundreise zu machen, gern als Führer dienen.

So wurde denn die Reise nach Tuggurt beschlossen. Aber selbst dabei sollte es nicht bleiben. Nachdem wir mit dem General unsere verschiedenen Programme besprochen und er sich überzeugt hatte, dass wir nicht ganz unerfahren im Reisen und Beobachten der Naturerscheinungen waren, machte er uns den weiteren Vorschlag, in Tuggurt angekommen, noch einen Schritt weiter zu thun und die merkwürdigen Oasen des Suf zu besuchen, und dies um so mehr, als wir dadurch der Nothwendigkeit enthoben würden, auf demselben Wege zurückzukehren. Das Oued-Rhir, meinte er, biete wohl den ächten Typus des Wüstenlebens und sei um so interessanter, als die Anwendung der neuern Methoden in der Herrichtung von Brunnen schon viel Nützliches geleistet und noch mehr zu leisten verspräche. Das wahre Bild des Lebens im Sande treffe man jedoch erst im Suf. Erst dort gewinne man eine wirkliche Vorstellung von der afrikanischen Wüste.

Escher und ich waren bald einverstanden und auch Martins setzte sich bald über die Matrimonial-Skrupel hinweg, denn wenn auch das Reisen an der tunisischen Gränze nicht ohne Gefahr ist, so konnten wir doch andererseits annehmen, dass ein so erfahrener und besonnener Mann, wie der General, uns zu einer solchen Fahrt nicht aufmuntern würde, ohne zugleich für unsere Sicherheit zu sorgen. Dies war denn auch wirklich der Fall, wie die Folge uns lehrte. Es würde mich zu weit führen, wenn ich auch nur annähernd ein Bild von unsern Beobachtungen und Erfahrungen im Atlas geben wollte, der in der That in geologischer, botanischer und ethnologischer Hinsicht höchst interessant ist[1]). Auch übergehe ich Algier und seine alten Monumente, den Küstensaum mit seinen Zwergpalmen und seinen neu angelegten, aber bis jetzt noch wenig versprechenden Colonien, die Stadt Constantine, ihre Kasba und ihre unvergleichliche Schlucht, Lambessa und seine grossartigen römischen Trümmer, die Plateaux mit ihren Salzseen und die Nomaden mit ihren zahllosen Heerden, um Sie mit einem Satze an den Djebel-Gaus zu versetzen, von dessen Höhe am Sfa-Joch man zum Erstenmale die Wüste überblickt.

Wie vor zwanzig Jahrhunderten die römischen Legionen und vor zwanzig Jahren die französischen Regimenter unter Führung des Herzogs von Aumale aufschrieen „das Meer! das Meer!" so erging

---

[1]) Vergl. hierüber den vortrefflichen Artikel von Martins: „*Tableau physique du Sahara oriental*", in der Revue des deux Mondes, Juli 1864.

es auch uns beim ersten überraschenden Anblick von jener Höhe. Der gleiche Ruf erschallte in unserer friedlichen Karawane, und in der That hatte die Wüste vor uns den Anschein des Meeres, in welchem die dunkeln Flecken der Oasen als so viele Inseln am Ufer des weiten Ozeans sich darstellten.

Diese Inseln der Wüste sind es nun, welche den Hauptreiz darbieten, und zwar lediglich weil sie Menschen beherbergen. Die Wüste selbst ist grossartig, feierlich, bewältigend; im Grunde aber ist sie dem Menschen feindlich. Darum fühlt sich der Reisende, welcher einige Tage lang in derselben herumgewandert, so gewaltig von jenen Flecken angezogen, wo grünes Laub sich zeigt, wo das Leben sich regt und wo Menschen wohnen. Je schwieriger aber die Lebensverhältnisse, je drückender das Klima, desto interessanter erscheint der Mensch, welcher gegen dieselben anzukämpfen wagt.

Unter jenem heissen Himmelsstrich von Afrika ist eins vor Allem unentbehrlich — Wasser. An das Vorhandensein dieses Elements ist alles Gedeihen gebunden. Die Dattel-Palme zumal ist dessen vor allen übrigen Pflanzen bedürftig. Nach dem arabischen Sprichwort gedeiht die Palme nur, wenn sie ihren Kopf im Feuer und ihren Fuss im Wasser badet. An die Palme knüpft sich die Existenz der Familie, der Gemeinde, des ganzen Stammes. Von dem Ertrage des Palmbaumes — des Bruders des Menschen nach der orientalischen Legende[1]) — wird die Nothdurft des Lebens ganzer Völkerschaften bestritten. Daher die Sorgfalt, mit welcher die Palme in der Wüste gepflegt wird, daher der grosse Werth, den man auf gute und zuverlässige Bewässerung legt.

Die Art und Weise, wie das Wasser gewonnen und benutzt wird, ist durchaus nicht dieselbe in allen Oasen. An das Verhalten desselben knüpfen sich ganz verschiedenartige Pflanzungs- und Bebauungs-Methoden, welche den einzelnen Oasen-Gruppen ihren besonderen Charakter verleihen.

---

[1]) Die Legende der Muhamedaner aus der Wüste über die Erschaffung der Erde ist im Ganzen mit derjenigen der Bibel übereinstimmend, mit der Ausnahme, dass am sechsten Tage Gott nicht allein den Menschen, sondern auch den Dattelbaum schuf, weil derselbe der Bruder des Menschen sein soll.

Wie ich es bereits anderwärts[1] gezeigt, lassen sich in der afrikanischen Wüste drei Haupttypen oder Klassen von Oasen unterscheiden, jede mit ihrer besonderen Bewässerung, entsprechend den drei Hauptformen der Wüste selbst, nämlich der Plateau- oder Flächen-Wüste, der Erosions-Wüste und der Dünen-Wüste.

Der Dattelbau in den Ziban.

Die einfachste Bewässerung ist wohl die auf der Plateau-Wüste oder vielmehr an derem Saum gebräuchliche, nämlich in der Oasen-Kette, welche sich unter dem Namen der Ziban unmittelbar am südlichen Fuss des Aures hinzieht. Es werden nämlich ganz einfach die Wasser des Gebirges bei ihrem Austritt aus den Klusen und Schluchten abgefasst, canalisirt, und so viel Dattelpflanzungen angelegt, als der Bach speisen kann. So ist es namentlich in Biskra, El-Kantara, El-Outaia.

Andere Pflanzungen haben sich um grosse Quellen concentrirt, welche am Fusse des Aures entspringen, ähnlich wie die „Blauen" an der schwäbischen Alp oder die grossen Quellen am Fusse des Jura. Es lässt sich kaum bezweifeln, dass diese Quellen von den Niederschlägen herrühren, welche in Regenform auf das Gebirge fallen, sofort aber in das zerklüftete, nackte Gestein des Atlas einsinken, um nachher in Form von grossen Brunnen am Fusse der äussern Kette wieder zu Tage zu treten. Eine ähnliche Erscheinung bieten die grossen Quellen von Vaucluse und Nîmes, in denen das Wasser der öden Plateaux oder Garrigues zum Vorschein kommt. Die Quellen der meisten Oasen der Ziban sind in dieser Hinsicht ächte *Fontaines Vauclusiennes*, wie sie von H. Fournet bezeichnet worden sind.

Dieser den Ziban eigenthümliche Dattelbau war schon den Römern bekannt, welche viele Datteln aus diesem Bezirk bezogen. Eine Anzahl von Befestigungen südlich von den Ziban, augenscheinlich zu deren Schutz errichtet, deren Trümmer noch deutlich erhalten sind, zeugen von dem Werth, den die Weltherrscher auf

---

[1] Bulletin de la Société des sciences naturelles de Neuchâtel, Tom. VI. p. 444.

diese Pflanzungen legten. In der Oase El-Kantara ist noch ein Stück des Bewässerungs-Kanals aus der Römer-Zeit in Gebrauch, unweit der bekannten römischen Brücke, wo der Bach aus der berühmten Schlucht heraustritt. Schwerlich hat seit dem Alterthum der Anbau der Palmen hier eine besondere Veränderung erlitten.

Die weiter südlich mitten in der Wüste gelegenen Oasen waren wohl den Römern nicht unbekannt, dagegen ist kaum anzunehmen, dass sie selbst bis dahin vorgedrungen. Auch die meisten Berichte der modernen Reisenden über die Dattelpflanzungen in Afrika beziehen sich auf diese in den Ziban gebräuchliche Kultur und die dabei übliche Bewässerungsmethode.

Um die andern Bewässerungsmethoden kennen zu lernen, diejenigen nämlich mittelst artesischer Brunnen oder durch Graben von grossen Löchern (Ritan) in den Sand, muss man viel weiter in das Innere der Wüste vordringen.

Die Wüste Mourad.

Die Bewässerung der Palmgärten mittelst artesischer Brunnen ist bekanntlich nächst Egypten hauptsächlich im Oued-Rhir zu Hause.

Der Weg zu dieser Oasen-Gruppe führt über die sogenannte kleine Wüste Mourad, und diesem Umstande ist es zuzuschreiben, dass die Touristen, welche bereits alljährlich in ziemlicher Anzahl in Biskra sich einfinden, nicht weiter südlich vordringen. Die Reise dauert zwar nur drei Tage, aber da giebt es keine Erfrischungen entlang des Weges, keine Hôtels zum Uebernachten; der Reisende muss sich mit allem Nöthigen versehen, selbst Wasser thut er wohl mit sich zu führen[1]). Zwar hat die französische Regierung auf halbem Wege, in Schegga, mehrere artesische Brunnen graben und um die-

---

[1]) Laut Berichten, welche uns Herr Hauptmann Zickel über seine diesjährigen Bohrungen hat zukommen lassen, dürfte diese Vorsicht jetzt unnöthig geworden sein. Es ist ihm dieses Jahr (1865) gelungen, 24 Kilometer nördlich von Mraïr und vom Schott Mel-Rhir einen artesischen Brunnen zu graben, welcher gutes Wasser und in ziemlicher Quantität (270 Litres per Minute) liefert. Auch ist bereits ein kleines Bordj oder Fort um dasselbe gebaut.

selben ein Bordj oder Fort erbauen lassen, in welchem Reisende unterkommen können. Aber beide, Herberge und Brunnen, sind höchst mittelmässig. Zu solchen Reisen sind eigentlich nur die französischen Militär-Behörden eingerichtet, und nur weil wir uns ihrer Unterstützung und der Begleitung eines ihrer erfahrensten Offiziere erfreuten, konnten wir mit so leichter Mühe und ohne grosse Opfer die Reise unternehmen.

Dieser erste Abschnitt der Sahara, wenn auch im Ganzen weniger öde als die weiten jenseits der Schott gelegenen Gebiete, und zum Theil steppenartig überwachsen, kann dennoch als Muster einer ächten Flächen-Wüste gelten. Ziemlich einförmig für den einfachen Reisenden, ist sie um so interessanter für den Naturforscher. Es ist eine endlose, fast ebene Fläche, nur hie und da von sanften, langgezogenen, parallelen Hügeln von nicht mehr als 5 bis 6 Fuss Höhe durchzogen, die mich einigermassen an die Osar der schwedischen Küste erinnerten[1]).

Die Hauptmasse des Bodens ist zwar aus Sand gebildet; derselbe ist jedoch nicht ganz lose. Die Oberfläche ist meist mit einer mehrere Zoll dicken Kruste von Gips überzogen, die aber nicht fest zusammenhängend, sondern pflasterähnlich zersprungen ist, weshalb Martins dieselbe als *Pflastergips (Gypse pavimenteux)* bezeichnet hat[2]). Dieses Pflaster ist in der That so regelmässig und so eben, dass man Stunden lang zu Wagen darauf hinrollen könnte.

Auf dieser Gipsdecke liegen zerstreut eine Menge chalcedonartiger Geschiebe von gefälligem Aussehen, die einen roth, die andern gelb, andere blendend weiss (ächter Quarzit), ähnlich denjenigen, welche die Pilger im Mittelalter aus der syrischen Wüste mitzubringen pflegten. Dieselben sind gerollt und zeugen von einer langen Abreibung im Wasser, entlang den Ufern des früheren Sahara-Meeres. Zwar kennt man ihre genaue Lagerung noch nicht, es ist aber kaum zu bezweifeln, dass sie aus dem Atlas stammen.

---

[1]) Jedenfalls sind es Wasserbildungen, was schon aus dem Umstande hervorgeht, dass sie mit derselben Gipskruste überzogen sind, wie die anstossenden Flächen.

[2]) Revue des deux Mondes, Juillet 1864.

Neben diesem bunten Gerölle kommen andere vor, zum Theil aus grauem und schwarzem Kalk, zum Theil ebenfalls kieselig, aber mit scharfen Kanten versehen, wodurch sie einen auffallenden Gegensatz zu den übrigen Gesteins-Trümmern der Wüste bilden, die insgesammt auf eine grosse Abreibung hindeuten. Nicht lange jedoch dauerte es und wir fanden die Erklärung des Problems, indem wir auf einzelne Gerölle stiessen, die scharfkantig zersprungen, deren Stücke aber noch neben einander lagen. Wie aber sich dieses Springen erklären? Escher meinte, es dürfte einer Wirkung des Salzes im Boden zuzuschreiben sein, welche unter dem Einfluss der Sonnenwärme die Geschiebe zum Springen bringt. Die darauf bezüglichen Experimente, die man nachher gemacht, scheinen jedoch bis jetzt zu keinem Resultate geführt zu haben.

Trotz seines Gipsüberzuges ist das Wüstenplateau doch nicht öde. Zwischen den Sprüngen und Rissen jener harten Kruste findet manche Pflanze Gelegenheit, ihre Wurzel einzuschieben. Freilich darf man hier keine sehr üppigen Formen des Pflanzenreichs erwarten. Meist sieht man nur steifes, ginsterartiges Gebüsch mit hartem Laub, welches nichts desto weniger den Kamelen, Schafen und Ziegen willkommen ist. Hie und da begegnet man auch Stauden mit schmalen, fleischigen Blättern, meist Salzpflanzen *(Salsola, Anabasis, Suaeda etc.)*, wie sie ähnlich am Ufer des Mittelmeeres vorkommen. Bisweilen zeigt sich auch zwischen den Steinen jene den Pilgern so willkommene, sogenannte Rose von Jericho, bekanntlich eine kleine Crucifera *(Anastatica hierochuntia)*, deren Blätter nach der Blüthe zusammenschrumpfen, aber dann wieder mehr oder weniger sich strecken, wenn man sie in Wasser thut.

Um die grösseren Gesträuche *(Zizyphus lotus, Nitraria, Retama, Ephedra etc.)* welche den Flugsand aufhalten, bilden sich dann oft Erhebungen, grossen Maulwurfshaufen ähnlich, manchmal auch 3 bis 4 Fuss hoch, welche der Zufluchtsort für manche Thiere der Wüste werden. Besonders die Springmäuse, mehrere Eidechsen und vor Allem die mit Recht gefürchtete gehörnte Natter *(Cerastes cornutus)* halten sich hier auf.

Die Vertiefungen und alten Flussbette, wo die Feuchtigkeit sich länger erhält, bedecken sich, sobald die heisse Jahreszeit vorüber ist, mit einem grünen Rasen. Zugleich setzen die Gebüsche ihre Blätter an und es ist ein lieblicher Anblick, wenn über das dunkle Laub der in unseren Gärten mit so viel Sorgfalt gezogenen Tamaris sich die schönen, rosenfarbigen Dolden erheben. Dort wird sie von der Militär-Verwaltung zu Brenustoff für die Kalköfen von Biskra verwendet. Anderwärts wieder ist der Boden ganz mit dem Laub einer eigenthümlichen Kürbisart, der Coloquinte, überzogen, an welcher die Frucht, von der Grösse einer Pomeranze, zu Tausenden sitzt.

Dieser Wintervegetation ziehen nun die Nomaden nach; ihr zu Liebe steigen sie alljährlich von den Plateaux des Atlasses mit ihren zahllosen Heerden hernieder, um einige Monate lang ihre Zelte dort aufzuschlagen, bis das Frühjahr sie wieder in's Gebirge ruft. Auch ist diese Vegetation in der That, wenn nicht die Ursache sämmtlicher Wanderungen, doch derjenigen der Nomaden von Nord-Afrika. Der Atlas, wo sie den Sommer zubringen, ist zu hoch und zu kalt, als dass Leute ohne feste Wohnsitze es dort lange aushalten könnten. Da wir gerade zu Beginn des Winters dort anlangten, so hatten wir Gelegenheit, die Nomaden mit ihren Kamelheerden hinabsteigen zu sehen. Die Schaf- und Ziegenheerden waren ihnen zum Theil schon vorausgeeilt, und wir trafen mehrere derselben auf der kleinen Wüste von Mourad. Meistens sind diese Heerden der Sorge einiger Knaben überlassen, die mit ihren magern Hunden so ziemlich auf's Geratewohl dahinziehen, aber selbst im Winter oft weite Strecken zurücklegen müssen, um ihr Vieh zu tränken.

Einem solchen Hirtenbuben, der uns lebhaft an Jakob erinnerte, wie er die Schafe Laban's hütete, begegneten wir eine halbe Tagereise vom Schott Mel-Rhir. Er kam uns höchst freundlich entgegen, erkundigte sich nach den Neuigkeiten im Gebirge und in der Stadt, nämlich Biskra, und bot uns dann Milch an, die wir aus einem sehr schmutzigen und rostigen eisernen Napf trinken mussten. Sie schmeckte darum nicht weniger gut, wie denn überhaupt die Wüstenmilch sich durch ihre Reichhaltigkeit auszeichnet.

Auch an wilden Thieren fehlt es in der Wüste nicht ganz. Wir sahen häufig ganze Ketten von Kangars, einer besondern Art Rebhühner, vor uns aufsteigen. Auch Heerden von Gazellen, jenen zierlichsten aller Thiere, sahen wir mehrmals in der Ferne verschwinden. Spuren von Straussen begegnet man vielfach, auch sind Stücke von ihren Eierschalen nicht selten; doch gelang es uns nicht, ihrer selbst gewahr zu werden. Man muss sich dazu eigens vorbereiten und besondere Richtungen verfolgen. Die gefürchteten Thiere, wie namentlich die gehörnte Natter und andere Schlangen, so wie die Eidechsen, hatten sich in ihre Winterquartiere zurückgezogen, so dass wir sie nicht zu Gesicht bekamen. Auch die Käfer waren verhältnissmässig nicht sehr zahlreich, doch brachte Herr Escher noch eine ziemliche Anzahl zusammen. Die meisten derselben sind schwarz. Die andern Thiere dagegen sind meist gelblich oder grau. Seltsamerweise kommen hier wenig oder keine glänzenden Farben vor, im Gegensatze zu den amerikanischen Tropenländern, wo die Farbenpracht so allgemein ist. Ein sprechender Beweis, dass Licht und Wärme allein dazu nicht ausreichen.

Die Oasen des Oued-Rhir.

Die Kette der Salzseen, zu denen der Schott Mel-Rhir gehört, trennt die sogenannte kleine Wüste Mourad von der grossen weiter südlich gelegenen, und bildet gleichsam den Boden des grossen Beckens oder ehemaligen Meeres. Wie bekannt, sind diese Schotts tiefer als das Meeresniveau (der Schott Mel-Rhir ungefähr 20 Meter) und jenseits derselben beginnt die eigentliche grosse Wüste. Wenn auch einförmiger und wegen ihrer Entfernung vom Gebirge weniger durchwühlt und ausgewaschen, findet man doch einige grosse Erosionen darin, die eben wegen ihrer Lage und Ausdehnung um so interessanter, aber auch um so räthselhafter sind. Die wichtigste dieser Erosionen ist das Oued-Rhir, das sich in dem Schott Mel-Rhir verläuft. Dass es eine Auswaschung ist, daran kann kein geübtes Auge zweifeln, wenn es vom Rande des Plateaus aus die Gestaltung und die Umrisse des Beckens betrachtet, mit seinen Vorsprüngen und Einschnitten, überhaupt jenen launischen Krümmungen, wie sie nur das Wasser hervorbringt. Welches war aber das Wasser, das dieses grosse Werk vollbracht? Und woher ist es gekommen? Das ist eine Frage, die wir vor der Hand nicht zu lösen vermögen.

Aber auch nicht blos in der Gestaltung und in den Umrissen zeigt sich der Gegensatz zwischen der Plateauwüste und der Auswaschungswüste. Das Plateau mit seinen spärlichen, dünnen Sträuchern, seiner Gipskruste, seinem vom Winde hergewehten Sande kann uns durch seine Dürftigkeit kaum überraschen. Sieht man aber die grossen glatten Flächen des Thales ohne Gips, ohne Sandhügel, sondern eben wie ein frischgepflügtes Feld, so staunt man ob der Oede, die da herrscht, und als wir von der staubigen Fläche des Plateaus die wenn nicht hohe, doch sehr ausgesprochene Böschung heruntergeritten und auf den glatten Boden gelangten, da war es uns nicht minder auffallend, dass unsere Pferde und Maulesel, die in scharfem Trabe dahineilten, auch nicht den geringsten Staub aufwarfen. Dieser Umstand sollte uns bald die absolute Oede dieser weiten Auswaschung erklären. Es ist dies nämlich die Wirkung des Salzes, womit der Boden im Uebermass gesättigt ist. Dieses Salz, welches wegen seiner Hydroskopizität eine gewisse Feuchtigkeit behält, wird, wenn im Uebermass vorhanden, zum grossen Hinderniss für die Vegetation. An vielen Orten sahen wir in der That auch das Salz sich krustenartig über weite Strecken verbreiten, und zwar in Folge der Verdampfung der Lachen, welche diesen Niederschlag zurücklassen.

In diesen grossen Auswaschungen, deren Oberfläche ein so eigenthümlich ödes Gepräge trägt, breiten sich nun die Oasen des Oued-Rhir aus. Einige derselben sind von bedeutender Ausdehnung, 50- bis 100,000 Palmen und mehr enthaltend. Gewöhnlich sind sie nicht weiter als eine Stunde von einander entfernt und ihre Vertheilung scheint an keine bestimmten Gesetze gebunden zu sein. Sie kommen da vor, wo Wasser vorhanden ist. Dies kann hier aber natürlich kein oberirdisches sein, es wäre längst versickert oder verdampft. Es steigt aus der Tiefe in artesischen Brunnen herauf, wodurch eine besondere Art von Bewässerung und ein eigenthümlicher Palmenbau entsteht.

Diese Brunnen existiren seit uralten Zeiten. Die arabischen Schriftsteller des Mittelalters haben sie ausführlich beschrieben, und selbst dem Alterthum waren sie nicht unbekannt, da sie bereits von Olympiodor erwähnt werden. Aber selbst wenn derselben nirgends ausdrücklich gedacht würde, so genügte die Erwähnung von Menschen, die auf diesem Boden leben, um ihre Existenz nothwendig zu bedingen, da Wasser hier auf keine andere Weise zu haben ist. Im Durchschnitt werden die Brunnen von einem Meter in's Gevierte bis zur Tiefe von 50 Meter oder 60 Fuss gegraben. Diese Tiefe ist auch dieselbe, welche sich aus den neueren, von den Franzosen veranstalteten Bohrungen ergiebt.

Wie begreiflich ist aber in einem Lande, wo es an allen technischen Hülfsmitteln gebricht, das Graben eines solchen Brunnens kein kleines Unternehmen. Ganze Gemeinden mussten durch Frohnarbeit dazu mitwirken, und je nachdem der Boden mehr oder weniger fest war, stiess man auf Hindernisse und Gefahren, die um so schwerer zu bekämpfen waren, als man zur Blendung der Wände kein anderes als Palmenholz zu verwenden hatte, das bekanntlich schlecht und selten ist. Kein Wunder also, dass ein solches Unternehmen in einem Lande und bei einem Volke, wo der Aberglaube so verbreitet ist, mit grosser Feierlichkeit begangen wird. Hat man endlich die Nähe des unterirdischen Wasserspiegels erreicht, so bleibt nur noch eine härtere Gipsbank zu durchbrechen, welche speziell als Felsen bezeichnet wird, und wenn dies geschehen, so dringt das Wasser plötzlich herauf.

Diese Operation ist aber mit Gefahr verbunden, sie ist auch nicht Jedermanns Sache. Was Wunder, dass sie früher schon das Monopol einiger bevorzugten Leute wurde, welche zur Theokratie oder geistlichen Kaste gehören? Ist nämlich Alles bis zu dieser letzten Operation fertig, so steigt ein Marabu hinab, nachdem zuvor gar viele Beschwörungsformeln und Gebete gemurmelt worden. Er durchbohrt die Gipsdecke und lässt sich mit aller Geschwindigkeit wieder emporziehen. Das heisst noch heutzutage „den Felsen anschlagen". Das Wasser folgt mit reissender Gewalt, und ein neuer Brunnen ist hergestellt.

Die Schwierigkeit, die Brunnen in gewissen Oasen, wo sie zusammengestürzt waren, wieder herzustellen, war die Veranlassung zu den neuen, so erfolgreichen Bohrungen mit europäischen Apparaten.

Als im Jahre 1854, nach der Schlacht von Meggarin (welche die Unterwerfung des ganzen Oued-Rhir nach sich zog) der General Desvaux in der Oase Sidi-Rasched campirte, bemerkte er, dass auf der einen Seite derselben die Palmenbäume von dürftigem und elendem Aussehen waren, während sie anderwärts kräftig und gesund erschienen. Als er nach der Ursache dieser auffallenden Erscheinung fragte, wurde ihm mitgetheilt, dass es leider an Wasser mangle, weil ein Hauptbrunnen zusammengestürzt sei und die Bewohner der Oase nicht die Kraft und die Mittel besässen, einen neuen zu graben. Mit muselmännischer Ergebenheit sich in's Unvermeidliche schickend, sahen sie nun dem Tage entgegen, an welchem ihre Palmbäume keine Früchte mehr trügen und sie verhungern müssten. Allah, meinten sie, wolle es so haben.

Der General aber meinte es anders und mit edler Kühnheit beschloss er, auf seine eigene Verantwortlichkeit einen Bohrapparat aus Frankreich kommen und in die Wüste transportiren zu lassen. Sofort wurde ein Ingenieur des Hauses Degousée in Paris berufen. Er fand die Sache ausführbar. Im nächstfolgenden Winter wurden die Apparate an Ort und Stelle gebracht und nachdem eine Abtheilung Spahis vier Tage gearbeitet, sprudelte ein neuer ergiebiger Brunnen von 4300 Litres in der Minute aus dem verlassenen Schacht. Dieses Ereigniss erregte den Jubel der ganzen Bevölkerung der Oasen und war von ergreifenden Scenen begleitet. Die Eingeborenen eilten in Menge herbei und stürzten sich über den gesegneten Quell, der aus den dunklen Tiefen der Erde heraufgeholt worden. Die Mütter badeten ihre Kinder darin, der alte Scheik von Sidi-Rasched konnte beim Anblick des Wassers, das seiner Familie und der Oase seiner Väter das Leben wiedergab, seine Rührung nicht bewältigen; er sank auf die Knie und, Thränen in den Augen, erhob er seine zitternden Hände mit einem Dankgebet zum Himmel. Von allen Oasen liefen jetzt Bittgesuche um gleiche Begünstigung ein und die Ueberlegenheit der Franzosen wurde von den Eingeborenen ohne Widerspruch anerkannt.

Seitdem sind nahe an fünfzig Brunnen angelegt worden, ohne dass man bis jetzt eine wesentliche Verminderung in ihrer Wassermenge bemerkt hätte. Sie können sich denken, mit welchem Interesse wir diese Brunnen ansahen und die Palmengärten besuchten, die um dieselben angelegt waren. Leider ist aber die Kultur derselben, selbst unter der afrikanischen Sonne, mit ziemlichen Schwierigkeiten verbunden, als deren hauptsächlichste der Salzgehalt des Bodens zu betrachten ist. Bevor man an das Pflanzen denken kann, muss derselbe vor allen Dingen entsalzet werden. Da aber das artesische Wasser selbst schon ziemlich mit Salzen überladen ist, so ist die Operation um so mühevoller und langwieriger. Erst nach mehreren Jahren können junge Palmen mit Vortheil gesetzt werden. Die einzelnen Gärten werden dann mit Mauern aus Thon und Gips umgeben, zu denen die Palmblätter als Gerüst dienen müssen. Es gewährt einen eigenthümlichen Anblick, wenn man aus diesen Mauern die Fieder der Blätter kammartig gleichsam herauswachsen sieht.

Aus einem dieser Brunnen in der Oase Ain-Tala gewannen wir auch die bereits anderwärts von uns schon beschriebenen kleinen Fische[1]). Und, wie dort erwähnt, gehören sie der Familie der Cyprinodonten und der eigentlichen Gattung *Cyprinodon* an. Unser gemeinschaftlicher Freund Siebold, welcher sie näher untersuchte, hat seitdem nachgewiesen, dass die beiden Spezies *(Cyprinodon cyanogaster* und *C. doliatus)*, die man beschrieben und die ihrem äussern Wesen nach allerdings sehr von einander abweichen, nur das Männchen und Weibchen derselben Spezies sind.

Wie sind aber die Eingebornen darauf gekommen, das Wasser in dieser Tiefe zu suchen? Der Anlass dazu liegt näher als man glauben möchte. Auf mehreren Punkten des Oued-Rhir, besonders aber in der Oase Urlana, giebt es natürliche, trichterförmige Löcher von 30 bis 40 Fuss Durchmesser, welche unter dem Namen Bahr bekannt sind. Aus diesen gelangt reichliches Wasser an die Oberfläche und fliesst fortwährend in einer Menge von über 2000 Liter in der Minute ab, so dass sie die Quelle eines permanenten Baches werden. Höchst wahrscheinlich hat man in früherer Zeit diese Trichter zur Anlage und Bewässerung von Palmgärten benutzt und zweifelsohne nach der Tiefe dieser Löcher geforscht. Nun lag auch der

---

[1]) Bulletin de la Société des sciences de Neuchâtel, Tom. VI. p. 530.

Gedanke nahe, anderwärts zu graben, um ähnliche Bahr herzustellen. Diese werden dann, wie die heutigen, sich ergiebig gezeigt haben, und darin dürfte auch der Ursprung der artesischen Brunnen der Araber in jener Gegend zu finden sein.

Die Bahr wären demnach die natürlichen Abflüsse des unterirdischen Wasserbeckens, aus welchem sämmtliche Brunnen, die natürlichen sowohl als die künstlichen, gespeist werden. In dem Bahr von Urlana trafen wir dieselben kleinen Cyprinodonten in grosser Quantität an, sowie noch eine andere Art von Fischen, einen Stachelflosser (*Coptodon Zillii*). Da nun dieselben Fische in den künstlichen Brunnen, den arabischen wie den modernen, vorkommen, so liegt wohl darin eine Bestätigung für die Einheit des unterirdischen Wasserbeckens. Wenn aber dieses Becken von jeher seine natürlichen Abflüsse an der Oberfläche gehabt hat, bis zu welcher die dasselbe bewohnenden Fische nach Belieben gelangen konnten, so ist damit auch die Schwierigkeit beseitigt, dass sie nicht blind sind, wie die Thiere, die fortwährend in unterirdischen Behältern oder Höhlen wohnen und nie Gelegenheit haben, an's Tageslicht zu kommen, z. B. die Thiere aus der Adelsberger Höhle und besonders aus der Mammuths-Höhle in Kentucky.

Indessen sind diese trichterförmigen Höhlen nicht auf das Oued-Rhir oder das eigentliche Erosionsthal beschränkt. Man findet deren auch auf dem Plateau, nur führen sie dort einen andern Namen: sie heissen Schreia. Wo nur immer ein einzelner oder einige wenige Palmenbäume vereinzelt stehen, kann man annehmen, dass ein Schreia daneben ist. Auffallender Weise sind sie aber weniger reichhaltig und nur selten fliesst das Wasser davon ab wie in dem Bahr von Urlana. Immerhin geht daraus hervor, dass auch hier eine unterirdische Wasserschicht vorhanden ist. Nur ist immer noch fraglich, ob es dieselbe ist wie im Oued-Rhir. Fast sollte man es bezweifeln, indem auch die Bohrlöcher, wenn man sich vom Erosionsthal entfernt, in viel grössere Tiefen getrieben werden müssen, und dabei weniger und schlechteres Wasser liefern. Räthselhaft bliebe es immer in dieser Voraussetzung, wie eine so unansehnliche Auswaschung der Oberfläche so bedeutende Abweichungen in der unterirdischen Vertheilung der Wasser bedingen kann.

Zweiter Brief.

Der Dattelbau in den Ritan. — Die sogenannten Dünen oder Aregs. — Die Krystallhäuser. - Die Bewohner des Sufs. — Aufnahme beim Chalifa. — Rückkehr mit der grossen Karavane

Nachdem ich Ihnen im Vorhergehenden eine Skizze von dem Dattelbau im Oued-Rhir und in den Ziban entworfen, wird es meine heutige Aufgabe sein, Sie von den weniger bekannten Anpflanzungen, den sogenannten *Ritan*, zu unterhalten, welche in den Oasen von Suf und wohl auch in einigen Bezirken von Tunis gebräuchlich sind.

Die Oasen des Suf bilden eine kleine Gruppe auf der tunisischen Gränze. Ihre Einwohner, etwa 20,000, vertheilen sich über mehrere Dörfer und Flecken, von denen die meisten befestigt sind. Diese Oasen liegen im Bezirk der Dünen, gerade desjenigen Theils der Wüste, der jedem spontanen Wachsthum am ungünstigsten ist. Auch kann man Stunden und Tage in diesen Regionen reisen ohne nur einem Strauch zu begegnen. Um so mächtiger ist der Eindruck, wenn man, um eine Düne biegend, plötzlich durch den Anblick grünen Laubes überrascht wird. Dass es nur Palmen sein können, die ihm hier einen fröhlichen Gruss zuwinken, weiss der Reisende wohl, denn kein anderer Baum gedeiht ja in diesem unfruchtbaren Boden. Und woher kommen dieselben?

Keinem von uns war die Gegend bekannt, und wir folgten einfach unter Leitung einiger Spahis, die uns der Kaïd von Tuggurt als Geleit mitgegeben hatte, den von Distanz zu Distanz auf dem Gipfel der höchsten Dünen aufgepflanzten und unter dem Schutze der Regierung stehenden Reisigbündeln, die hier die Stelle der Wegweiser vertreten, ähnlich den Stangen auf unsern schneebedeckten Alpenpässen. Je schneller unsere Ungeduld uns den Dünen zuführte, um so bestimmter gestaltete das winkende Laub sich zu Palmenblättern, aber seltsamerweise waren nur die Wipfel der Bäume zu erkennen. Wie gross war aber unser Erstaunen, als wir bemerkten, dass sie aus weiten, tiefen und kreisförmigen Löchern hervorragten! Das sind die *Ritan*. Die erste dieser eigenthümlichen Dattelpflanzungen, die uns vor Augen kam, war in der Nähe des Brunnens Burmes, einer den Karawanen wohlbekannten Station. Unweit derselben befinden sich mehrere dieser Ritan oder Kessel. Wir besuchten sie der Reihe nach und sahen, dass jeder derselben eine Anzahl von Palmbäumen zählte, die sich symmetrisch nach allen Seiten in gleichem Abstand an einander reihten; in den einzelnen Ritan variirte die Zahl der Bäume von 12 bis 30.

Nicht minder interessant fanden wir die Ritan am folgenden Tage, in der Umgegend von El-Oued, dem Haupt-Ort der Oasen und Sitz des Chalifa. Es lag ein eigener Reiz in dem Anblick dieser reich belaubten Gärten, und der Gegensatz der üppigen Vegetation zu der trostlosen Oede des ganzen weiten Wüstengebietes rund herum steigerte noch die Freude, die man empfand. Wenn auch die Stadt uns mancherlei Interessantes in ihren Strassen und ihren Buden darbot, so zog es uns doch immer wieder zu den Ritan. Gegen Abend, zumal wenn das Licht anfing, sich zu mässigen, und der Reflex der Dünen weniger stark wurde, gewährte es eine wahre Lust, unter diesen Laubgewölben umherzuspazieren. Die in's Viereck gepflanzten Bäume, mit ihren kräftigen, nicht sehr hohen Stämmen, ihren durch den Ansatz der Luftwurzeln zu einem wahren Sockel angeschwollenen Füssen (siehe die Abbildung), erinnerten uns unwillkührlich an die Säulengänge der alten egyptischen Tempel; und es dürfte vielleicht kein zu gewagter Schluss sein, den Typus der Hallen pharaonischer Tempel mit ihren kurzen massiven Säulen in den Palmgärten oder Ritan zu erkennen.

Selbstverständlich drängte sich uns die Frage nach dem Ursprung dieser Kessel auf. Als Naturforscher suchten wir zunächst nach einer natürlichen Ursache; wir mussten jedoch bald erkennen, dass sie allesammt (obgleich einige mehrere 100 Fuss im Durchmesser hielten) Menschenwerk waren. Wie aber?

Wenn es auch jahrelang in diesen Gebieten nicht regnet, so fehlt das Wasser darum doch nicht ganz. Nur findet es sich in einer Tiefe von 10 bis 30 Fuss, bis zu welcher Tiefe man die Schachtbrunnen zu treiben hat. Aus diesen Schachten wird das Wasser mittelst eines Schlagbaumes aus Palmenholz in Geishäuten heraufgezogen. Von Wasser an der Oberfläche ist im ganzen Lande nicht die Rede, indem es unmittelbar versiegt, sobald man es auf den Boden giesst. Vielen der Eingebornen ist deshalb der Begriff von fliessendem Wasser ganz fremd. Eines Tages, als wir entlang einer thalförmigen Vertiefung zwischen zwei Dünenreihen ritten, fragte ich einen unserer Begleiter, ob man sich im Lande nichts von Bächen oder Fluthen aus alter Zeit zu erzählen wisse. Ich erhielt eine verneinende Antwort, musste aber zugleich bemerken, dass der Mann gar keine Idee von einem Flusse hatte. Das Wasser gehört nach ihren Begriffen in die Tiefe, und es ist des Menschen Aufgabe, es dort zu suchen.

Diese unterirdische Wasserschicht muss man ebenfalls erreichen, wenn man Palmgärten anlegen will. Da sie aber keine emportreibende Kraft besitzt, so genügen natürlich einfache Brunnen oder Schachte nicht. Die Leute sind vielmehr genöthigt, auf der ganzen Strecke, die sie zu bebauen gedenken, die oberen Bodenschichten wegzuräumen. So entstehen die meist kreisförmigen Kessel mit ziemlich steilen Böschungen und einem Durchmesser von 100 Fuss und mehr. Der ausgegrabene Schutt wird rings um die Höhlung aufgehäuft und bildet so einen Wall, der die Aehnlichkeit mit einem Krater nur noch auffallender macht. Dass eine solche Arbeit unter dem Himmel der Sahara keine Kleinigkeit ist, bedarf wohl keiner weiteren Versicherung. Nachdem man sich unter unsäglicher Anstrengung der Wasserschicht bis auf einen Fuss genähert hat, wird der Boden geebnet und mit dem Pflanzen der jungen Palmen in regelmässigen Abständen begonnen. Doch mit dem Ausgraben des Kessels und dem Pflanzen ist nicht alles gethan. Der bekanntlich hier sehr häufig und heftig wehende Wind treibt bei jedem Sturm eine Menge Flugsand wolkenähnlich vor sich her. Trotz des schützenden Walles geräth dennoch ein Theil des Sandes in den Ritan und muss nach jedem Unwetter fortgeschafft werden. Diesem steten Kampfe mit der Ungunst der Natur dürfte es zuzuschreiben sein, dass sich die Bewohner des Suf zu einem recht arbeitsamen und fleissigen Völkchen herangebildet haben.

Obwohl nun thatsächlich diese Art der Dattelkultur ihnen ungleich mehr zu schaffen macht als die beiden erstgenannten, in den Ziban und im Oued-Rhir gebräuchlichen Methoden, so finden sie doch noch Zeit zu vielerlei andern Beschäftigungen. Dahin gehört namentlich ihre Thätigkeit als Karawanenführer. Sie besitzen die grössten und schönsten Kamele der Wüste, obgleich sie das Futter für dieselben weit herholen müssen.

Unser erstes Nachtlager in dieser Gegend bot uns ein rührendes Beispiel von ihrem ausserordentlichen Fleisse. Wir hatten unsere Zelte neben dem oben erwähnten Brunnen aufgeschlagen, und da die Nacht klar zu werden versprach, war es Herrn Martins sehr darum zu thun, die Ausstrahlung der Erde zu beobachten. Von den beiden Minima-Thermometern wurde der eine auf dem Boden, der andere einen Meter über demselben, auf dem höchsten Punkt des nächsten Ritanwalles aufgestellt. Der ganzen Mannschaft, den Spahis sowohl als den Kamel- und Eselführern, war es streng untersagt worden, sich der Beobachtungsstelle zu nähern. Als wir des andern Morgens früh erwachten, war es unser Erstes, nach den Instrumenten zu sehen. Es war etwa halb 6 Uhr und der Tag noch nicht angebrochen. Sobald wir auf der Höhe ankamen, bemerkten wir jedoch, dass der Boden in der Nähe vertreten war, und fürchteten ein Misslingen der Beobachtung. Schon war der Anführer bereit, die Mannschaft zur Rechenschaft zu ziehen, schon hatte er gegen den einen oder andern Verdacht geschöpft, als es sich plötzlich unten im Ritan regte. Eine Gestalt im weissen Burnus, voran ein kleiner Wüstenesel mit zwei Körben beladen, näherte sich allmählig. Der Eselführer selber trug einen dritten Korb auf dem Rücken. Er trat uns unverzagt entgegen, leerte seine Körbe aus, und nun bemerkten wir auch, dass er schon eine bedeutende Menge Sand hinaufgeschleppt hatte, und in der That erfuhren wir, dass er seit mehreren Stunden arbeite. Die Instrumente hatte er aber sehr sorgfältig geschont und seinen Sand rechts und links von denselben abgeladen. An Vorwürfe war natürlich nicht mehr zu denken; wir waren im

Gegentheil sehr gerührt über seine Ausdauer, und unser Lob machte ihn zum glücklichsten Menschen.

Was nun das Resultat des Experimentes betrifft, so zeigte der in einer Höhe von einem Meter an einem Stocke befestigte Thermometer $+ 8°2$, derjenige auf dem Boden $+ 7°1$, mithin einen Unterschied von nur einem Grade, und doch war die Nacht hell gewesen. An einem der folgenden Tage sahen wir den Thermometer auf $+ 6°$ heruntergehen. In der Gegend von Biskra soll er manchmal bis zwei und drei Grade unter dem Gefrierpunkte sinken.

Nachdem wir mehrere Ritan näher betrachtet, musste es uns auffallen, dass die Dattelbäume, wenn auch weniger hoch als gewöhnlich (sie überschreiten selten mehr als 30 Fuss), doch viel kräftiger im Stamm und Laub als im Oued-Rhir, in den Ziban oder in Egypten waren. In den letztgenannten Gegenden erreichen die Palmbäume nicht viel über 1½ Fuss Durchmesser; hier fanden wir sie von 8 und 9 Fuss im Umfang, mithin von 3 Fuss Durchmesser. Die Blätter erreichten eine Länge von 15 bis 20 Fuss.

Da es gerade die Zeit der Ernte war, so hatten wir Gelegenheit die herrlichen Dattel-Trauben an den Bäumen hängen zu sehen (siehe die Abbildung). Es sind gewaltige Bündel, bisweilen von mehr als einem viertel Centner Schwere, und mancher Baum trägt ein halbes Dutzend und mehr dieser goldglänzenden Trauben, welche zwischen den Ansätzen der Blätter hindurchhängen. Was konnte die Ursache dieses kräftigen Aussehens der Bäume sein, da doch von vorneherein die Bedingungen der Bewässerung hier weniger günstig zu sein scheinen als dort, wo man das Wasser nach Belieben zu den Stämmen leiten kann? Zuerst waren wir darüber im Unklaren, bald jedoch löste sich das Räthsel. In einem Ritan, der entweder besser gepflegt oder erst kürzlich gereinigt worden war, bemerkten wir, dass sämmtliche Stämme von einem Haufen von Kamelmist umgeben waren, der sich bei näherer Beobachtung dann auch in den übrigen Ritan vorfand, den wir aber, da er gebleicht und zum Theil mit Sand bedeckt war, zuerst übersehen hatten. Dieser Mist wird auf das Sorgfältigste gesammelt, und die Sufianer benutzen nicht allein den der eigenen Kamele im Stall; sie führen, so oft sie mit den Karawanen ausziehen, auch mehrere Säcke mit sich, um längs des Wegs jeden Abfall aufzulesen. So kommen sie denn von ihren Fahrten regelmässig mit Kamelmist beladen zurück, der für die Ritan bestimmt ist. Die grössere Fruchtbarkeit dieser Pflanzungen wäre somit hinreichend erklärt.

Als ich die ersten Ansiedlungen in den Ziban sah und bemerkte, dass bei kaum nennenswerther Düngung und fast aus dem reinen Sande so schöne Stämme mit zahlreichen Früchten, und nur unter der Mitwirkung von Wasser, Licht und Wärme, erzeugt werden, da hegte ich einige Zweifel über den entscheidenden Werth des Düngers. Dieser Zweifel verschwand aber, nachdem wir uns die Ritanpflanzungen näher angesehen hatten. Freilich vermag die afrikanische Sonne viel, wo Wasser vorhanden ist. Die Sufianer jedoch haben bewiesen, dass der Dünger auch hier ein zuverlässiges Hülfsmittel erhöhter Production ist. Diesem Umstand ist es wohl zuzuschreiben, dass die Datteln des Suf mit zu den besten von ganz Afrika gezählt werden.

Die Aregs oder Dünen der Wüste.

Was die Dünen selbst betrifft, so konnten wir uns überzeugen, dass die meisten, wenn auch in ihren Umrissen mit den Dünen des Meeres übereinstimmend, einen Kern von dichterem Sand mit deutlichen Spuren von Schichtungen haben, so dass es keine eigentlichen Dünen im Sinne derjenigen des Oceans sind, die in ihrer Gesammtheit wirklich vom Winde vorgeschoben werden. Bei den Dünen der Sahara ist nur die äussere Gestalt wandelbar, der Kern jedoch ist constant, wesshalb man wohl mit Recht vorgeschlagen hat, sie mit einem andern Namen zu bezeichnen. Vielleicht könnte man dafür die arabische Bezeichnung *Areg* wählen[1]. Unsere Erfahrungen bestätigten vollkommen die vom Herrn Ingenieur Vatone in Tripoli gemachten Beobachtungen hinsichtlich dieser Eigenthümlichkeit der Dünen der Sahara, auf welche er zuerst aufmerksam ge-

---

[1] Voyage à Ghadamès 1863.

macht hat. Zwar gibt es auch hin und wieder kleine Anhäufungen von Flugsand, auf welche die theilweise Versandung einiger kleineren Oasen bezogen werden kann, wie z. B. derjenigen von Sidi-Rached im Oued-Rhir, doch bilden sie immer nur die Ausnahme.

Diese Stabilität der Sandhügel dürfte auch zum Theil dem Einflusse der beiden sich bekämpfenden Winde, des Simun oder Südwindes und des Nord-West zuzuschreiben sein, indem der eine den Sand, welchen der andere fortgeführt hat, wieder zurückbringt. Im Ganzen ist jedoch der Nordwind überwiegender und desshalb ist auch die Stossseite der Dünen meist nach Norden gekehrt.

Wenn auch die Düne als der vollkommenste Inbegriff der Wüste gelten kann, so darf man ihr doch nicht einen gewissen Reiz absprechen. Ausser und neben dem Imposanten einer auf Stunden und Stunden sich ausdehnenden Einöde liegt etwas sehr Gefälliges in den zierlichen Umrissen der einzelnen Sandwogen, die, obwohl im Ganzen übereinstimmend, doch sämmtlich eine gewisse Individualität bewahren, da keine der andern vollkommen gleich ist. Auch ist es nicht ohne Reiz, früh Morgens, ehe die Sonne zu heiss geworden, über die Dünenrücken leichten Fusses hinwegzulaufen, namentlich auf der dem Winde zugekehrten und daher festeren Stossseite, während auf der steileren Leeseite der Sand immer locker ist, und man viel leichter darin einsinkt. Diese Spaziergänge auf den Dünen der Sahara haben mich lebhaft an meine früheren Fahrten in den Hochfirnen erinnert, wo es mir stets ein Vergnügen war, wenn ich des Morgens auf dem Rücken der gehärteten Schneewellen umherlaufen konnte.

Eine auffallende Erscheinung ist es, dass während auf den Firnen der Alpen sämmtliche Gegenstände auffallend klein erscheinen, gerade das Umgekehrte in der Wüste stattfindet. Thiere und Menschen erscheinen colossal aus der Entfernung. Eine Düne von kaum 50 Fuss Höhe macht den Eindruck eines Berges, und selbst unser Freund Martins nahm sich wie ein Riese aus, wenn er auf einer solchen seine Thermometer aufstellte.

Trotz dieser Stabilität ist die Wirkung der Winde doch gross genug, um dem Reisenden manche Gefahr zu bereiten. Nicht selten verlieren die Karawanen einen Theil ihrer Lastthiere, wie dies nur zu deutlich aus den vielen Kamelsgerippen zu ersehen ist, welche längs des Weges liegen. Ganze Karawanen werden bisweilen zugeweht, wenn der Samum lange andauert. Bekanntlich ging auf diese Weise die Armee von Kambyses zu Grunde. Selbst General Desvaux, welcher sicherlich keine Furcht vor den Beduinen kennt, gestand uns, dass es ihm nicht gleichgültig gewesen sei, als er sich zum ersten Mal mit einer Expedition in dieses Gebiet begeben hatte.

Ganz öde und aller Vegetation baar sind indessen doch nur die eigentlichen Sandhügel, und wo sie dicht an einander gereiht sind, wie in der Nähe des Suf, kann es geschehen, dass man ganze Kilometer, ja stundenlang gehen kann, ohne einen Grashalm zu bemerken. Sobald sie aber auseinander gehen und der wahre Boden zum Vorschein kommt, so zeigen sich einzelne Stauden, wie z. B. der Wüsten-Ginster *(Retama)* und die ihm äusserlich gleichende aber in der Wirklichkeit sehr verschiedene *Ephedra*, deren Stamm und Aeste, ähnlich unsern Legföhren, dem Boden entlang kriechen, während nur die kleineren Zweige aufgerichtet sind und sich die Wurzeln manchmal zwanzig und dreissig Fuss weit vom Stamm verfolgen lassen; es ist dies wohl das ausdauerndste Gewächs der Wüste. Die populärste Pflanze aber ist das Dryn *(Aristida pungens)*, eine grosse bis zwei Meter hohe Gras-Staude, welches mit dem Ezel *(Calligonum comosum)*, einer mit unserm Haidekorn verwandten Pflanze, die Hauptnahrung der Kamele bildet. So oft man aus einem Dünengebiet in eine mit Dryn bewachsene Fläche gelangt, wird der Zug der Karawanen langsamer, um den Kamelen Zeit zu lassen rechts und links zu grasen, während die Kamelführer selbst Bündel von dem Grase sammeln und es den Thieren für die Nacht aufladen, besonders wenn sie fürchten, dass ihnen nicht Zeit genug bleibt, unterwegs zu füttern. In manchen Strichen müssen sie auf diese Weise die Nahrung für den ganzen Tag mit sich schleppen; indess geschieht das jetzt doch seltener als früher, seitdem in Folge der grösseren Sicherheit die Gerste und das Getreide überhaupt allgemeiner verbreitet sind und leichter gegen Datteln eingetauscht werden.

Bodenbeschaffenheit.

Nach dem oben Gesagten besteht der Boden der Ritan nicht, wie man glauben könnte, aus blossem Flugsand. Schon in einer Tiefe von wenigen Fuss begegnet man dichteren Massen, welche unzweideutige Spuren von Schichtung zeigen und daher mit Bestimmtheit auf eine Ablagerung im Wasser deuten. So z. B. finden sich grössere chalcedonartige Kiesel, ganz ähnlich denen, welche die Wüste Mourad (siehe S. 6) bedecken, darunter eine Gypsschicht, tiefer noch eine sehr feine Sandschicht, feiner als der Dünensand, die für eine sehr ruhige Ablagerung spricht. Sodann in einer Tiefe von 20 und etlichen Fuss eine höchst eigenthümliche Schicht, welche besonderer Erwähnung verdient, indem sie vielfach in die Verhältnisse des dortigen Lebens eingreift. Es ist dieselbe aus lauter Krystallen zusammengesetzt, ähnlich den bekannten Sandkrystallen von Fontainebleau, nur dass sie statt der Form des Kalkspaths diejenige des schwefelsauren Kalks angenommen hat, dabei aber gleich denen von Fontainebleau aus Sand mit nur verhältnissmässig geringem Gehalt der krystallbildenden Substanz, hier Gyps, zusammengesetzt ist[1]). Ausserordentlich an diesen Krystallen ist, dass sie nicht blos stellenweise vorkommen, wie bei Fontainebleau, sondern eine fortlaufende Schicht bilden, die sich meilenweit erstreckt und einen besonderen geologischen Horizont darzustellen scheint.

---

[1]) Herr Ingenieur Vatone, welcher die ersten Gypskrystalle des Suf analysirte, fand folgende Zusammensetzung:

Quarzsand	37,00
Thon	5,10
Gyps	41,40
Kohlensaurer Kalk .	3,57
Kohlens. Magnesia .	1,50
Wasser	11,43
	100,00

Dieses Resultat ist durch die Analysen, welche Herr Dr. Piccard an den von uns mitgebrachten Exemplaren anstellte, vollkommen bestätigt. Vergl. Piccard, Ueber den Sahara-Sand, seine Entstehung und Zusammensetzung. p. 6.

Die Krystalle sind unter sich auf das Mannigfachste verwachsen. In Folge ihres bedeutenden Gehalts an Sand und fremden Bestandtheilen sind sie natürlich undurchsichtig. Die charakteristischen Formen der Gypskrystalle sind aber darum nicht unverkennbar. Man erkennt die Rhomboide, die Pyramide, die Doppelkrystalle, die Linsenform etc. Es gibt einzelne Krystalle, die bis 1 Fuss lang werden.

Aber nicht blos auf der Oberfläche als Kruste und in einer gewissen Tiefe als Krystalllager kommt der Gyps vor. Seine Rolle in der Sahara ist eine allgemeinere. Sämmtliche Sandlager sind mehr oder weniger davon durchdrungen. Er ist das allgemeine Bindemittel. Weil aber dieses leicht löslich ist, so zerfällt das Material der Schichten leicht und wird zu loosem Sand, welcher seinerseits die Wüste bedingt, während, wie Herr Piccard richtig bemerkt, dies nicht der Fall sein würde, wenn das Bindemittel aus kohlensaurem Kalk bestände, wie in unserer Molasse. Warum aber bei gewissen Formationen der Gyps das Bindemittel bildet und bei andern der Kalk oder die Kieselerde, ist eine Frage, die künftigen Forschungen überlassen bleiben muss.

Bauart im Suf.

Die oben erwähnten Krystalle sind es, welche das einzige Baumaterial im Lande liefern. Sämmtliche Gebäude, von der ärmsten Hütte bis zur Kasba sind daraus errichtet, und es ergibt sich die Eigenthümlichkeit, welche vielleicht nirgends in der Welt vorkommt, dass wir es hier im eigentlichen Sinne des Wortes mit Städten und Dörfern von Krystall zu thun haben. Als Cement dient gebrannter Gyps. Eine andere nicht minder auffallende Eigenthümlichkeit bietet die Gestalt der Häuser, welche alle kuppelförmig zulaufen, so dass ein Dorf oder eine Stadt ganz das Aussehen von zahllosen an einander gereihten Bienenkörben hat[1]. Diese Form, über welche wir nicht sogleich in's Klare kamen, weil man uns vorgab, sie diene zum Schutz gegen den Andrang des Sandes, findet ihre Erklärung in einem ganz

---

[1] Vergl. Tristam, The great Sahara, p. 307.

andern Umstande, nämlich dem Mangel an Bauholz. Zur Herstellung von Häusern, gleichviel ob mit einem Dach oder einer Terrasse, gehören Balken. Unter jenem Himmelsstrich aber gibt es kein anderes Holz als das der Palmen, und, wie leicht begreiflich, sind diese besonders in einer Gegend, wo ihre Zucht mit so viel Beschwerden verbunden ist, zu kostbar, als dass man sie zu Bauzwecken verwenden sollte.

Da der Mensch aber eines Schirmes gegen Sonne und Sturm bedarf, so hat die Noth ihn hier auf das Hülfsmittel der Gewölbe hingewiesen; aber auch die Anwendung der letzteren erfordert mindestens Bretter zu Bogenstützen. In Ermangelung derselben hat man sich eben mit dem Vorhandenen begnügen müssen. Die Bogengerüste werden daher aus zusammengebundenen Blattstielen von Palmen verfertigt. Sind nun die Mauern bis zur Mannshöhe aufgerichtet, so setzt man in beiden Richtungen das Blattgerüst auf und mauert die Wölbung darüber, welche mit einem Zapfen abschliesst. Solche Bogengerüste können natürlich nur eine geringe Tragkraft haben; die Wölbung, welche sich danach richten muss, lässt daher nur eine geringe Spannweite zu. In Folge dessen haben die Gemächer nur wenig Raum, höchstens 5 bis 6 Fuss Weite. Das spärliche Holz, welches die Palmen liefern, wenn sie absterben oder zugeweht werden, dient dann zu Balken für eine Terrasse, welche die Mitte des Gebäudes einnimmt. Somit besteht jedes anständige Haus im Suf aus einem mittleren Theil mit erhöhter Terrasse und aus Flügeln mit an einander gereihten Kuppeln. Selbst in dieser Form sind die Gebäude doch von keiner besondern Dauerhaftigkeit, und man kommt durch keine Strasse dieser Dörfer oder Städte, ohne auf zusammengefallene Gewölbe zu stossen.

Wir hatten Gelegenheit auch das Innere eines solchen Hauses zu sehen. Nachdem wir nämlich in der Stadt Quinin, der zweitwichtigsten in der Oasengruppe des Suf, die öffentlichen Plätze und Cafés und selbst die Moschee besucht hatten, fand sich unter den zahlreichen Bewohnern, welche die Neugier um uns versammelt, ein zuvorkommender Sufianer, der als Karawanenführer schon ziemlich weite Reisen gemacht, der sogar bis Constantine gekommen war, auch einige Worte französisch verstand. Dieser erbot sich uns sein

Haus zu zeigen. Er war jedenfalls einer der Vornehmeren des Orts, obgleich nicht zur Obrigkeit gehörend. Nachdem er uns durch mehrere Strassen geführt, gelangten wir vor sein Haus. Er öffnete die Thür, indem er nach dortiger Weise die Hand durch ein Loch in der Wand schob und den innern Riegel beiseite zog. Er hiess uns einige Augenblicke im Eingang warten, ohne Zweifel um seine Frauen zu entfernen, und führte uns dann in den Hof, einen viereckigen Raum, der, mit Ausnahme der mittleren flachen Terrasse, von gewölbtem Gemäuer eingefasst war. Zwei Flügel waren nach innen nicht zugemauert und dienten nur als Stall für Ziegen und Kamele und zur Aufbewahrung von Futter; der Hauptflügel dagegen war zugemauert und mit kleinen Fenstern und Thüren aus Palmblattstielen versehen. Der Eigenthümer führte uns nun in ein erstes Gemach, worin sich einiges Werkzeug, Geschirr für Kamele, besonders Sättel und deren Zubehör, befand. Von da gelangten wir in das eigentliche Wohnzimmer. Die Wände desselben waren zwar roh und nur grob beworfen, der Boden aber reinlich. Hier standen, unsern alten Truhen einigermassen ähnlich, mehrere tunisische Kisten, mit Nägeln in Arabeskenform verziert. Ausserdem hingen, wahrscheinlich als besondere Kostbarkeiten, einige europäische Tassen mit Goldrand an Fäden von der Decke herab. Daneben ist ein kleiner Spiegel zu erwähnen. Eigentliche Betten kennt man dort nicht. Als solche dienen in der Wand angebrachte Nischen, die bei den Armen mit Strohgeflecht, bei den Reicheren, wie hier der Fall, mit tunisischen Teppichen aus zottiger Wolle belegt sind. Dies ist jedenfalls das Ehebett.

Die grösste Merkwürdigkeit indessen waren für uns einige Bälge von jungem Ziegenfell mit nach innen gekehrtem Haar, und so zugerichtet, dass die Form des Thieres kenntlich war. Das nach aussen gewendete Leder war mit allerlei Farben bunt gemalt. Es waren dies die Necessaires der Frauen, in denen sie ihre kleinen Geräthschaften, Nadeln, Garn u. dergl., aufbewahren — ein Möbel, das jede Frau mit ins Haus bringt.

Wie wohl zu vermuthen, sehen sich die verschiedenen Dörfer in den Oasen ziemlich ähnlich. Die meisten, selbst die kleinern, sind befestigt, wie dies überhaupt mit allen Wohnstätten in der Wüste der Fall ist. Nächst dem Wasser ist es nämlich der Schutz gegen räuberische Nomaden, wonach man vor allem strebt. Sämmtliche Wohnplätze sind demnach von einer Mauer mit nur wenigen Thoren umgeben, und wie ich zu erwähnen schon Gelegenheit gehabt, bestehen die Mauern von El-Oued aus Gypskrystallen, was ihnen äusserlich wenigstens ein etwas solideres Aussehen gibt als das der Mauern im Oued-Rhir und in den Ziban, wo sie lediglich aus Lehm gebildet sind.

Allgemein mussten wir uns jedoch bei näherer Besichtigung über die Gebrechlichkeit dieser Mauern verwundern, von denen mehrere selbst einem kräftigen Faustschlag kaum widerstanden hätten. Stärkere Schutzwehren waren freilich in einem Land nicht geboten, wo Kanonen etwas Unbekanntes sind, und Flinte und Säbel die einzige Waffe ausmachen.

Wie an andern Orten, so sind auch hier öfters mehrere Oeffnungen in jedem Thor, eine grössere in der Mitte, kleinere Zugänge, die sogenannten „Nadellöcher" daneben. Was mir der Religionslehrer in der Schule beim Gleichniss vom Reichen und vom Kamel nie hat erklären können, das wurde mir durch die Bekanntschaft mit den „Nadellöchern" plötzlich klar.

Wenn nun auch im Oued-Rhir und in den Ziban die Mauern ziemlich vernachlässigt sind, seitdem die französische Herrschaft den Eingeborenen hinlänglichen Schutz gewährt, so ist dies nicht ganz so der Fall in den Oasen des Suf, die, nahe an der Gränze gelegen, weit mehr den Streifzügen der tunisischen Raubgesellen ausgesetzt sind, welche sich nach vollbrachter That schnell auf ihr heimathliches Gebiet flüchten. Um das gute Einvernehmen nicht zu stören, nahm man anfangs nach europäischen Begriffen Anstand das nachbarliche Gebiet zu verletzen. Seitdem es jedoch feststeht, dass der Bey von Tunis zu unmächtig ist, um in seinem eigenen Lande die Polizei auszuüben, fällt jene Rücksicht weg, und sehen sich die französischen Militärbehörden veranlasst, die Räuber bis auf ihren heimathlichen Grund und Boden zu verfolgen.

Nichtsdestoweniger hat der Gouverneur es für rathsam gehalten, unsere Reise durch eine bewaffnete Escorte auszuzeichnen, und dieser verdankten wir nicht nur unsere Sicherheit, sondern auch die grössere Zuvorkommenheit der Eingebornen, indem ausser den Spahis unserer Bedeckung die arabischen Behörden es sich selbst zur

Pflicht machten, uns das Geleit zu geben. So wurden wir denn jedesmal in den grösseren Orten in der Kasba, in den kleinern in der Wohnung des Ortsvorstandes oder Scheiks empfangen. Hätte ein Künstler uns begleitet, es wäre ihm manches Motiv zu interessanten Bildern geboten worden, wenn unsere Bedeckung in herrlicher Calvalcade einherzog, der Chalifa in goldverbrämtem Burnus, die Scheiks in rothen, die Kadis in grauen und die Spahis in ihren blauen, wallenden Mänteln; alle auf schönen muntern arabischen Pferden, während wir, die Naturforscher, in unserer Civiltracht und auf etwas abgetriebenen Mauleseln mehr oder weniger die Folie zu diesem Gemälde abgaben.

In der That hatten wir auch mehrmals Gelegenheit zu bemerken, dass die Einwohner, wenn wir in ein Dorf einzogen, ihre Bewunderung nicht gerade auf uns concentrirten und uns wahrscheinlich für die Dienerschaft des Capitäns ansahen. Diesem Umstand ist es wohl auch zuzuschreiben, dass die Buben, die, muthwillig wie überall, dort besonders lebhaft sind, sich manchmal vermassen unsere Maulesel zu plagen, und bei unserm Erscheinen ein schreckliches Halloh aufschlugen, so dass wir mehreremal im Fall waren, vom Maulesel herabzusteigen und in die weissbeburnusten Buben auf gut schweizerisch dreinzuschlagen. Ihre Lebendigkeit bildete einen lebhaften Contrast zu dem verhältnissmässig schwerfälligen Wesen der Bewohner des Oued-Rhir, dessen Bevölkerung eine viel gemischtere ist.

Die Sufianer sind echte Berbern, und als solche weiss und schwarzhaarig wie die Südeuropäer; und wären ihre Burnus nicht gewesen, so hätte Martins sie leicht für eine Bande Schüler aus einem Dorf der Provence oder des Languedoc angesehen. Eines jedoch fiel uns auf, nämlich die sehr gestreckte Form ihres Kopfes; es sind wahre Langköpfe *(Dolichocephalen)*, wie man sie meist nur aus den alten Gräbern so entschieden ausgesprochen kennt. Das Gesicht ist nicht eckig, sondern schmal, die Zähne stehen senkrecht und sind wie bei all diesen Völkern vorzüglich schön und weiss. Der Körperbau ist schlank und sehnig und einer grossen Ausdauer fähig, wie wir dies namentlich erfuhren, als wir in den letzten Tagen von der Karawane schieden und allein gegen Biskra zogen, bei welcher Gelegenheit sich uns ein halbes Dutzend junger Männer anschloss. Wunderbar muss namentlich die Ausdauer ihrer Lungen sein, denn so schnell wir auch von Zeit zu Zeit auf ebenem und hartem Boden dahinsprengten, so sind sie uns doch immer gefolgt und fanden noch Zeit, wenn hin und wieder eine seltene Pflanze sich zeigte, sie für Herrn Martins zu sammeln. Fetten Leuten begegneten wir durchaus nicht, mit Ausnahme einiger Fürsten, die keine Berber, sondern von echtem arabischem Stamme sind; manche behaupten sogar Nachkommen des Propheten zu sein.

Der Chalifa, welcher von unserer Ankunft von Tuggurt aus unterrichtet worden war, kam uns bis Quinin, der ersten Oase seines Bezirks, entgegen und zwar in Begleitung von einem halben Dutzend Scheiks, mehreren Kadis oder Richter und einer Anzahl Spahis. Er trug einen braunen Burnus mit breiten Aufschlägen, auf welchen das Wappen seiner Familie in Gold und Silber gestickt war. Im Gürtel trug er werthvolle Pistolen mit schönen damascirten Verzierungen. An der linken Seite hing vom Sattel ein Leopardenfell hernieder, wahrscheinlich eine Trophäe aus seinen jüngeren Jahren. Er ritt ein munteres Füllen, dessen Mähne und Schwanz geschoren waren. Es ist Brauch unter den arabischen Grossen, den Pferden während mehrerer Jahre die Mähnen zu scheren, damit sie nachher um so üppiger wachsen. So ritten wir eine Zeit lang über die Sandhügel hinweg, bis wir plötzlich hinter einer Düne El-Oued, die Hauptstadt des Suf und Residenz des Chalifa, mit ihren Hunderten von kleinen Kuppeln vor uns hatten. So oft wir einer ebenen Fläche zwischen zwei Dünenzügen begegneten, wurde dieselbe zu einer Fantasia oder Reiterparade benutzt, wobei die Spahis Gelegenheit fanden ihre und ihrer Pferde Geschicklichkeit zu zeigen. Als ein besonderes Kunststück gilt es, sein Gewehr im gestreckten Galop auf ein bestimmtes Ziel abzufeuern.

In El-Oued angelangt, wurden wir selbstverständlich im Bordj oder Fort einquartirt. Es ist ein ziemlich geräumiges Gebäude mit Stallung und zur Vertheidigung gegen etwaige Angriffe der Nomaden von hohen Mauern umgeben. Wir nahmen sofort Besitz von der Halle, schlugen daselbst unsere Feldbetten auf, während der Chalifa uns mit Tischen und Bänken versorgte, auf denen wir mit Wohlgefallen unsere auf der Reise gesammelten Gypskrystalle aufstellten, denn es handelte sich jetzt um eine für den Naturforscher immer peinliche Operation, nämlich eine Auswahl zu treffen zwischen schönen Exemplaren, wenn man nicht im Stande ist, die ganze Ausbeute mit zu nehmen.

Unterdessen hatte der Chalifa auch für unser leibliches Wohlsein gesorgt. Es erschien der Ordonnanz-Spahi des Capitäns und meldete, dass das Frühstück bereit sei. Steine, Hämmer, Pflanzen und Löschpapier wurden sofort weggeräumt. Die Spahis hatten den Burnus weggelegt und figurirten als Kellner oder Aufwärter. Das Frühstück bestand erstens aus der Scharba oder arabischen Suppe (ein kräftiges Hammels-Consommé mit Brocken von Leber, Fleisch, trockenen Früchten und Rosinen), zweitens aus einem Eierkuchen, wohl dem europäischen nachgeahmt, einer Anzahl gebratener Hühner und endlich dem National-Gericht, dem Kuskusu, dem wir alle Ehre anthaten.

Der Chalifa hatte Platz neben uns genommen, zu unserm Erstaunen weigerte er sich aber irgend etwas zu geniessen, wie wohl es nicht Freitag, sondern Montag war. Es schien ihm nichts desto weniger zu befremden, dass ich ihn dazu veranlassen wollte. Es ist einmal mein Missgeschick, dass ich nur zu oft den Frommen Anstoss geben muss. Unser Wirth war aber ein Puritaner aus der ächten Sekte der Wüste, und als solcher fastete er nicht allein den Freitag, sondern auch den Montag. Wie ich nachher aus guter Quelle erfuhr, soll er sogar recht aufrichtig in seinen religiösen Handlungen sein und nicht blos dem Scheine zu lieb heilig thun, wie dies zuweilen geschieht — in Afrika. Sehr unähnlich ist er in dieser Hinsicht seinem Vetter, dem Caïd von Tuggurt, welcher sich wenig um das Fasten kümmert und nur in seiner Kasba unter den Augen seiner Untergebenen und seiner Dienerschaft rigoristisch thut, dagegen wenn er mit uns in dem Bordj zusammen war, recht gut seinen Stiefel Wein und auch das petit-verre nicht verschmähte. Der ächte mahomedanische Puritaner hingegen isst und trinkt nicht nur nichts, sondern raucht auch nicht am Fasttage. Ueberhaupt soll ihm nichts über die Lippen kommen, von Sonnenaufgang bis Sonnenuntergang.

Nach Tisch besuchten wir die Stadt und den Platz, wo gerade Kamelmarkt war. Wir sahen dort schönes Vieh, unter andern kolossale Kamel-Stiere in vortrefflichem Zustande und zu verhältnissmässig hohen Preisen, bis zu 500 und 600 Franken. Die Weibchen sind zur Hälfte billiger. Auch Esel wurden uns angeboten, von jener kleinen, hellgrauen aber sehr ausdauernden Race, wie sie in den Oasen einheimisch sind. In den Buden war inländisches meist wollenes, theils grobes, theils auch sehr feines Gewebe ausgestellt, daneben auch Kattun, an welchem die englischen Fabrikzeichen befestigt waren, worüber meine französischen Reisegefährten sich ärgerten, als ob Frankreich nicht Kattun in hinlänglicher Quantität producirte. Auch Getreide, besonders Gerste und mancherlei Gewürze wurden feil geboten, sowie auch Tabak und Massen von Dattelkernen, die als Heilmittel für die Kamele verwendet werden.

Nach einer Excursion zur Moschee und zu mehreren der nahegelegenen Ritan, von denen weiter oben die Rede war, kehrten wir in unser Quartier zurück. Dort hatten sich unterdessen eine Menge Eingeborne versammelt, nicht sowohl um uns zu bewillkommnen, als um uns mit Eidechsen und gelben Springmäusen aufzuwarten, den zwei häufigsten Vierfüsslern, die dort wild vorkommen. Wir hatten nämlich auf dem Wege zwischen Quinin und El-Oued einen kleinen behenden Nager erblickt, aber sofort in den Sand verschwinden sehen, wo er sich mit ausserordentlicher Geschwindigkeit einzugraben weiss. Herr Martins, welcher sich speciell mit dieser Klasse von Thieren beschäftigt, hatte indessen doch errathen, dass es eine Art Springmaus sein müsse. Da er aber keiner habhaft werden konnte, so hatte er einem Kamelführer zwei Franken versprochen, wenn er ihm eine verschaffte. In El-Oued angelangt, hatte der Kamelführer natürlich nichts Eiligeres zu thun, als sich nach den besagten Mäusen umzusehen, denn zwei Franken sind beachtenswerth für einen Berber, welcher mit sammt seinem Kamel nur 1 1/2 Franken per Tag verdient. Derselbe erschien richtig und erhielt die versprochene Summe. Mit ihm meldeten sich aber eine Menge Andere, Gross und Klein, im weissen Burnus, jeder eine Springmaus in der Hand. Das drückte natürlich den Preis der Waare herunter. Der nächste bekam nun noch einen Franken, der Dritte und Vierte noch einen halben und die Letzten nur noch 2 Sous und gar nur einen. So zierlich auch die Thierchen waren, mit orangefarbigem Balg, den grossen schwarzen Augen und den weissen Füsschen, und so gerne wir einen Vorrath davon mitgenommen hätten, so konnten wir dies doch nicht ausführen, denn wir hatten nur wenig Weingeist. Wir versuchten einige lebend in Flaschen und Blechbüchsen zu transportiren, wurden aber gar bald gewahr, dass sie nur ganz kurze Zeit auszuhalten vermochten. Wenn etwas Dünensand in dem Gefässe war, so schienen sie sich mit Wollust in demselben als in ihrem Element einzugraben, waren aber auch hier nach einer halben Stunde todt. Einige wurden noch ihres Balges wegen geopfert, die übrigen frei gelassen. Die Hinterbeine sind zwar nicht sehr gestreckt, viel weniger als bei den ächten Springmäusen, aber doch hinlänglich, um sogleich den allgemeinen Typus dieser Wüsten-Nager zu bezeichnen. Sie gehören in die Gattung *Psammomys* und bilden wahrscheinlich eine neue Species, welche Martins als *P. Saharœ* bezeichnet. In ihrer Heimath führen sie den Namen *Far*. Der zierliche langohrige Wüstenfuchs (*Fenercus Brucei* Desm.) soll auch hier vorkommen, wiewohl seltener als im Oued-Rhir; wir bekamen ihn aber nicht zu sehen.

Die Eidechsen, von der Grösse der unsrigen, und wie beinahe sämmtliche Thiere der Wüste, von gelber Farbe, mit weissem Bauche, sind zahlreicher und wurden uns in noch grösserer Menge als die Springmäuse von den Eingebornen gebracht. Die Species ist eine der Wüste eigenthümliche, die sich bis nach Egypten zu erstrecken scheint. Sie nährt sich von Käfern und wohl auch von Heuschrecken. Es ist eine ächte Eidechse, welche in der Systematik den Namen *Acanthodactylus Boskii* führt.

So war der Abend gekommen und es wurden die Vorbereitungen zum Diner getroffen. Auch der Chálifa fand sich wieder ein und nahm neben uns Platz. Das Essen war wo möglich noch reichhaltiger als beim Frühstück. Es wurde wiederum mit der Scharba oder arabischen Suppe der Anfang gemacht. Ich wurde ersucht, dieselbe auszuschöpfen, denn der Chalifa, obgleich sehr am Herkömmlichen haltend, wusste doch, dass die Rumi oder Europäer die Suppe nicht aus der Schüssel essen, und liess daher jedem einen besondern Teller reichen. Nach der Erfahrung, die ich beim Frühstück gemacht, musste ich annehmen, dass unser Wirth sich blos aus Höflichkeit zu uns gesetzt, und unterliess es, ihm einen Teller anzubieten. Diesmal sollte ich mich aber wieder getäuscht haben; denn wenn die Nacht noch nicht eingetreten, so war doch die Sonne untergegangen. Dies wusste der Chalifa sehr wohl, und da sein Appetit wahrscheinlich nicht gering war, so hatte er es so eingerichtet, dass auf die Minute servirt wurde. Und in der That leistete er dieses Mal sein Gehöriges, nicht jedoch ohne sein arabisches Experiment gemacht zu haben, welches darin besteht, zwei Fäden von verschiedener Farbe, einen rothen und einen blauen gegen das Licht zu halten. Erkennt man die Farbe nicht mehr, so ist der Fasttag vorüber, und ebenso beginnt er Morgens, wenn man die zwei Farben genau unterscheidet.

Nach dem Dessert, welches aus herrlichen Pasteken oder Wassermelonen bestand, wurde uns der Kaffe servirt. Derselbe war von vortrefflicher Qualität. Nur hatte man ihn zu gut machen wollen, indem man einige Tropfen feines Rosenöl hinzugesetzt. Das war es aber gerade, was uns am wenigsten mundete. Mich erinnerte es an einen nicht minder berberischen Gebrauch in gewissen Theilen Deutschlands, wo man Vanille zum Thee zusetzt, um ihn wohlschmeckend zu machen.

Rückkehr über Guemar und die Schotts. Anschluss an die grosse Karawane.

Wir verliessen El-Oued den 5. December früh Morgens bei einer Temperatur von + 7° C. Der Chalifa gab uns das Geleit mit seinem ganzen Gefolge, zu welchem sich auch der Commandant der eingeborenen Spahis gesellt hatte, ein hübscher, kräftiger Araber, der gleiche, welcher einige Monate vorher dem gefürchteten Räuber-Häuptling Ben Asser eine empfindliche Niederlage beigebracht und seine Waffenthat dadurch beurkundet hatte, dass er der Regierung in Constantine die Ohren sämmtlicher Gefallenen zuschickte. Wir besuchten an demselben Tage mehrere Oasen und wurden überall auf das Zuvorkommendste aufgenommen. Ohne Zweifel waren die Ortsbehörden von unserm Eintreffen unterrichtet worden. In einer kleinen Oase jedoch kamen wir unangemeldet an. Ich hatte nämlich dem

Capitän den Wunsch geäussert, er möchte statt des gewöhnlichen Weges einen andern, längs eines fortlaufenden Dünenzuges einschlagen, in der Hoffnung, dort vielleicht auf entblösste Spuren früherer Auswaschungen zu stossen. Dies führte uns zur kleinen Oase El-Bihma. Gross war die Bestürzung der Einwohner, als sie uns einziehen sahen. Der Scheik musste erst aufgesucht werden; unterdessen erschien sein Adjunct oder Vicar im weissen Burnuss mit rothem Saume. Der Empfang war um so origineller, als er unerwartet war. Zunächst wurde auf dem öffentlichen Platze ein grosses Feuer aus Dattelblättern uns zu Ehren angezündet, sodann wurden prächtige Datteltrauben herumgeboten, ferner Kamelmilch und zuletzt auch Kaffe. Die erste Tasse jedoch war nicht für uns, sondern wurde auf die Erde dem Pferde des Hauptmanns Zickel vor die Füsse gegossen. Das Thier erschrak, bäumte sich, und schon war der Hauptmann in Begriff, ob der Unverschämtheit in hellen Zorn auszubrechen, als ihn der Dolmetscher bedeutete, er möge sich beruhigen, indem nach der Sitte des Suf dies das Zeichen der grössten Ehrerbietung sei.

In der nahegelegenen Oase Segum erwartete uns der Scheik zum Mittagessen. Derselbe soll ein sehr reicher Mann, Besitzer von mehreren Hundert Dattelbäumen und vielen Kamelen sein. Wir traten in ein stattliches Haus, auf dessen grossem Thor aus Cedernholz der Nägelbeschlag nach orientalischer Art zu schönen Arabesken geordnet war. Das Haus war in drei geräumige Gemächer getheilt, von denen die mittlere Halle als Gemeindesaal diente; zur Linken war die Wohnung des Scheiks, zur Rechten das Paradezimmer. Wir wurden sofort in das Letztere geführt. Der Boden war mit dicken Teppichen aus zottiger Wolle belegt; in der Mitte stand ein Geflecht, auf welchem das Frühstück servirt wurde, dem wir alle Ehre erwiesen, da es in Wirklichkeit sehr gut zubereitet war. Man lagerte sich nach orientalischer Sitte im Kreise umher. Indessen war doch zur Bequemlichkeit für jeden Gast ein marokkanisches Kissen zur Unterstützung des Ellbogens vorhanden.

Dabei fiel uns ein charakteristischer Zug, das Verhalten des Wirthes auf. Nachdem wir seinem Kuskussu gehörig zugesprochen, und zwar der primitiven Sitte gemäss — indem Jedermann mit seinem Löffel sich einen Schacht in die duftende Masse bohrte und nachher ein Rippenstück von dem darauf gelegten Schaffleisch mit den Fingern erfasste und zerriss — fühlte ich mich veranlasst, dem Wirth mein Compliment zu machen und wandte mich deshalb durch Vermittelung des Dolmetschers an den Chalifa, um zu erfragen, warum der Scheik nicht zugegen sei. Der Chalifa schien über meine Frage betreten und liess sich dieselbe wiederholen. Statt aller Antwort begnügte er sich indessen mit einem trockenen verneinenden Zeichen. Ich drang natürlich auf keine weitere Erklärung. Als ich, nachdem wir das Haus verlassen, dem Kapitän den kleinen Vorfall mittheilte, belehrte er mich, dass ich hier wieder einen Verstoss gegen alle Etiquette begangen und froh sein sollte, dass der Chalifa mir nicht mehr gezürnt. So viel hätte ich wohl aus der Bibel, wenn auch nicht aus Erfahrung wissen sollen, dass es einem Untergebenen nicht in den Sinn kommen könne, wenn er einen Höhergestellten bei sich aufnimmt, sich mit ihm an den Tisch zu setzen. Seine Aufgabe sei es, an der Thüre zu stehen und die Dienerschaft zu beaufsichtigen, damit der hohe Gast nach Gebühr bewirthet und gepflegt werde. So war es auch hier der Fall gewesen, und erst als wir von dannen zogen, trat der Scheik hervor, küsste uns die Hand und bot uns Lebewohl. Da tauchte in meiner Erinnerung das ehrwürdige Bild Abrahams auf, wie er die drei Engel bei sich aufgenommen, ihnen das Mahl bereiten liess, aber selbst in gebührender Entfernung ehrfurchtsvoll zuschaute, wie seine himmlischen Gäste sich gütlich thaten.

In D'Bila, der letzten Station nächst der tunisischen Gränze, kam uns die ganze Bevölkerung der Oase entgegen, um dem Chalifa zu huldigen. Wir selbst wurden in das Lager der Spahis geführt und der Commandant ersuchte uns mit würdevoller Höflichkeit, in sein Zelt zu treten, welches nach orientalischer Art mit bunten Teppichen behängt war. Hier wurde uns abermals mit Kaffe, Wassermelonen und ganz vorzüglichen Pomeranzen aus Tunis aufgewartet. Nach kurzer Pause kehrten wir auf demselben Wege bis El-Bimah zurück, wendeten uns dann nach Norden und erreichten noch am gleichen Tage Guemar oder G'mar, den zweitbedeutendsten Ort der Oasengruppe des Suf. Auch hier wurden wir beim Scheik einquartiert, in einem geräumigen Hofe, von niedrigen, schmalen Gebäuden mit flachem Dache umgeben, aus welchem die Enden der Balken absicht-

Taf. II.

ıar, (Suf.)

lich hervorragten, zum Beweise, dass der Eigenthümer die Mittel besitze, ein flaches Dach mit hölzernem Gebälk herzustellen, während hinter diesen Gebäuden die balkenlosen Kuppen der nachbarlichen Wohnungen sich erheben (siehe Tafel III). Es wurden uns drei Zimmer angewiesen, freilich weder geräumig noch elegant, aber jedes mit einem besondern Ausgang auf den Hof. Die Häuser sind hier wie in El-Oued allesammt aus Gipskrystallen gebaut und in ihrem Aussehen denen der Hauptstadt vollkommen ähnlich. Hier war es, wo der Chalifa von uns Abschied nehmen sollte. Indessen waren wir doch noch nicht auf sicherem Boden und der tunisischen Gränze zu nahe, als dass er es über sich vermocht hätte, uns allein ziehen zu lassen. So schlug er uns denn vor: entweder eine neue Eskorte einheimischer Spahis von ihm anzunehmen oder uns einer grossen Karawane anzuschliessen. In diesem Gebiete steht es nämlich den Karawanen nicht frei, nach Willkür ab- und zuzugehen. Um Ueberfällen vorzubeugen, werden sie zurückgehalten, bis eine genügende Anzahl von Reisenden beisammen ist. In der Voraussetzung, dass wir dieses Geleit vielleicht vorzögen, hatte der Chalifa den bevorstehenden Karawanenzug bedeutend anwachsen lassen. Die Wahl konnte für uns nicht zweifelhaft sein. Es war in jeder Beziehung viel interessanter, in solcher Gesellschaft zu reisen, und so zogen wir denn nach einem herzlichen Abschied vom Chalifa und seinen Leuten mit einer Karawane von ungefähr neunzig Kamelen und etwa fünfzig Kamelführern weiter.

Die Karawane stand uns in so fern zu Gebote, als sie den Befehl hatte, uns nicht zu verlassen und da zu kampiren, wo wir es für unsere Zwecke am angemessensten hielten. In Folge von Angriffen, die kurz vorher stattgefunden, nahmen wir nicht den gewöhnlichen Weg über El-Faid, sondern zogen vielmehr westlich gegen den grossen Schott Mel-Rhir. Bis auf eine Tagereise von Biskra waren keine Oasen und menschliche Wohnsitze zu gewärtigen. Selbst über die Brunnen, an denen man gewöhnlich Halt macht, hatten wir keine Sicherheit, und so mussten wir uns selbst mit Wasser für die Reise versehen, das in Bocksfellen gefasst und den Kamelen angehängt wurde. Schon am ersten Tag verliessen wir das Gebiet der Dünen und betraten wieder das Plateau. Für die Kamelführer ist dies eine willkommene Abwechslung, indem sie dann der Nothwendigkeit enthoben sind, Futtervorräthe für ihre Lastthiere mitzunehmen, weil sie hier hinlängliches Gesträuch als Ersatz finden.

Wir benutzten nun auch manchmal die Gelegenheit, unsere Maulesel gegen Kamele zu vertauschen, und wenn dem Europäer das Reiten auf den letzteren anfangs auch ungewöhnlich vorkommt, so hat es doch einen eigenen Reiz, besonders wegen des hohen Sitzes, der einen viel ausgedehnteren Gesichtskreis gewährt. Die Kamele dieser Gegend sind viel freier als in Kleinasien. Sie gehen nicht polizeimässig hintereinander, haben keine Zügel und ziehen ihre Strasse wie es ihnen beliebt. Wenn man aus einem Dünenzug heraus auf das Plateau tritt, ist es auffallend, wie urplötzlich eine unbegreifliche Aufregung die Thiere erfasst, und sie nach allen Richtungen hin rennen, die einen nach rechts, die andern nach links. Diese Erscheinung findet sogleich ihre Erklärung. Der Appetit ist es, der sie zu einem beliebigen Strauch, gewöhnlich einem Drynbusch[1]), hinzieht, den sie aus weiter Ferne erblickt haben und auf den sie nun begierig losrennen. Nach einer Weile wird es ruhiger in der Zunft, und wenn sie dann alle zusammen auf einer Düne entlang ziehen, ihre Führer hinterdrein, und diese stimmen ihre Lieder an, so übt dies einen seltsam ergreifenden Eindruck. Dieser Gesang, wenn man das Wort hier anwenden darf, lautet äusserst traurig und erinnert, wenn auch ganz verschieden von unsern europäischen Weisen, doch an eine gewisse melodische Ordnung. Da ich selbst im höchsten Grade unmusikalisch bin, so ersuchte ich Freund Martins, die Melodie wo möglich aufzuzeichnen. Er meinte, es sei dies durchaus unmöglich, indem sowohl Tonfolge als Rhythmus sich in unser Schema nicht fügen lasse. Deshalb soll es auch für Félicien David eine unüberwindliche Schwierigkeit gewesen sein, in seinem Oratorium „die Wüste" die nationalen Melodien in ihrer ursprünglichen Form getreu wiederzugeben.

Von nicht geringem Interesse war auch das Nachtlager. Nicht immer traf es sich, dass wir zu rechter Zeit den Brunnen erreichen konnten, und so kamen wir mehrmals in den Fall, am ersten besten Platz unser Lager aufzuschlagen. In der Regel suchte man sich einen

---

[1]) Siehe oben S. 23.

Ort, wo etwas Gesträuch vorhanden war, um damit Feuer machen zu können. Sofort luden wir unsere Kamele ab und machten uns an das Improvisiren einer Küche, vermittelst einer kleinen Grube in den Sand. Die Beduinen thaten desgleichen, und nachdem sie ihren Kamelen das Knieband an einem Vorderfuss angelegt, überliessen sie diese sich selbst. Es sucht sich jede Abtheilung, gewöhnlich aus vier oder fünf Personen bestehend, ein eigenes Plätzchen zur Bereitung ihres Mahls. Dieses ist natürlich sehr einfach. Ausser den Datteln, von denen man auch den Tag über geniesst, führt jede Gruppe etwas Mehl mit sich zu dem Kuchen, dessen Zubereitung höchst pittoresk ist und, nach der Tradition, schon zu den Zeiten der Mutter Sarah dieselbe gewesen. Man nimmt einen kleinen, gewöhnlich nicht allzu sauberen Teppich, breitet ihn neben dem Feuer aus, schüttet etwas von dem Mehl darauf, knetet es, setzt etwas Schaf-Fett und ein wenig Piment hinzu und drückt es dann zu einem Kuchen breit. Indessen ist das Holz abgebrannt, man macht eine Grube in den Sand, schiebt einen Theil der Kohlen, hinein, legt den Kuchen darauf, überdeckt ihn mit dem Rest derselben, häuft Sand darüber, steckt einen Zweig oder ein Palmblatt auf das Ganze, und lässt so den Kuchen ungefähr eine halbe Stunde backen, während welcher Zeit man seine Andacht verrichtet und nachher sich nach orientalischer Weise Geschichten erzählt. Die Grube wird dann wieder geöffnet und das Nachtmahl ist bereitet; dazu gibt es als Würze einen Trunk Wasser, das, wenn die Schläuche neu sind, einen nichts weniger als angenehmen Theergeschmack hat. So wenig Ansprüche man auch in solchen Fällen zu machen geneigt ist, so kann man doch mit dem besten Willen kein Wohlgefallen an dieser Küche finden, wenn Alles, Suppe, Fleisch und Kaffe nach Theer schmeckt.

Sie werden selbstverständlich auch etwas von den wissenschaftlichen Ergebnissen unserer Reise, namentlich auf geologischem Gebiet, und über das vielfach besprochene Verhältniss der Sahara zu der grossen Gletscherausdehnung in vorhistorischen Zeiten erfahren wollen. Es soll dies der Gegenstand meines nächsten Briefes sein.

Dritter Brief.

Die Beziehungen der Wüste Sahara zu dem Alpen-Klima und der früheren Ausdehnung der Gletscher. — Einfluss des Föhns. — Alter der Wüste. — Einwendungen gegen die Escher'sche Theorie.

Ich habe bereits anderwärts[1]) in Betreff der frühern grösseren Ausdehnung der Gletscher in den Alpen und der mannigfachen Ansichten, welche zur Erklärung dieser grossartigen Erscheinung aufgestellt worden sind, auf die Theorie des Herrn Professor Escher v. d. Linth hingewiesen, welcher das Verschwinden jener grossen Gletscher in Verbindung bringt mit den Schwankungen des Bodens im afrikanischen Continent und besonders mit der Trockenlegung der Sahara.

Als Vermittler dieser Umgestaltung im Klima des Alpenlandes ruft Herr Escher den Föhn an, unter dessen Hauch jene gewaltigen Gletscher verschwanden, welche sich eine Zeitlang südlich bis an den Saum der lombardisch-venetianischen Ebene und auf der Nordseite sogar bis auf die Höhe des Jura erstreckt hatten. Von der Voraussetzung ausgehend, dass der Föhn identisch sei mit dem trocknen Sirocco, dessen Ursprung allgemein in die afrikanische Wüste verlegt wird, war in den wissenschaftlichen Kreisen von Zürich die Frage aufgeworfen worden, was denn eigentlich geschehen würde, wenn der Föhn eines Tages ausbleiben sollte. Eine solche Frage unter Leuten wie Escher, Denzler, Mousson, Wolf, Heer, einmal angeregt,

---

[1]) Der Gebirgsbau der Alpen, S. 120.

konnte nicht ohne Lösung bleiben. Es musste sich als nächstes Resultat ein weit geringeres Schmelzen und als Folge davon ein verhältnissmässiges Anwachsen der Schneemassen auf den Alpen ergeben, da bekanntlich der Föhn alljährlich in sehr kurzer Zeit bedeutende Massen Schnees aufzehrt, weshalb er auch von den Aelplern als *Schneefresser* bezeichnet wird. Daher das Sprichwort: „Der liebi Gott und die liebi Sunn chönnet's nüt, wenn der Föhn nüt hilft!"

Mit dem Verschwinden der Wüste würde dieser mächtige Einfluss, den der afrikanische Continent auf unsere Berge ausübt, wenn nicht aufgehoben, doch wesentlich vermindert werden. Und wenn gar die Sahara sich in ein Binnenmeer verwandelte, so müsste an die Stelle des trockenen Föhns ein feuchter Wind treten. Dieser würde, als Tropenwind, zwar ebenfalls warm sein, zugleich aber eine bedeutende Menge Feuchtigkeit mit sich führen, die sich beim Anprallen an die kalten Zinnen der Alpen niederschlagen und auf diese Weise die Schneemasse vermehren würde.

Somit müsste die Besitznahme der Sahara durch das Meer in doppelter Weise zum Anwachsen der Schneemassen in den Alpen beitragen, indirekt durch das Ausbleiben des Föhns und direkt durch das Auftreten eines feuchten Windes an seiner Statt.

Noch kennen wir nicht hinlänglich die Beziehungen der Niederschläge zu den herrschenden Winden, um voraussagen zu können, wie viel die Firnmassen der Alpen unter solchen Umständen zunehmen würden. Es ist dies eine Aufgabe, welche die schweizerische meteorologische Commission ohne Zweifel sich stellen und wohl auch mit der Zeit lösen wird. Einstweilen lässt sich annehmen, dass die Zunahme keine unbedeutende sein dürfte, indem zu den rein meteorologischen Einflüssen sich auch noch andere zur Vermehrung der Gletscher gesellen würden. So z. B. lässt sich eine direkte Beziehung zwischen der Ausdehnung der grossen Alpen-Gletscher und ihren oberen Thalbehältern oder Bassins nachweisen. Der grosse Aletsch-Gletscher, der Unter-Aar-, der Rhone-Gletscher, die Mer de glace oder Glacier des Bois steigen nur deshalb so tief herab, weil sie die Ausläufer von gewaltigen Behältern in den höhern Regionen sind. Neben denselben trifft man aber in den Alpen nicht selten grosse circusartige Erweiterungen und breite Joche, die sich alljährlich noch ihres Schnees zu entledigen vermögen, besonders auf dem Südabhange der Kette, so z. B. der Circus des Monteleone, derjenige von Dever, ein ähnlicher, obgleich nicht so grosser, am Mont-Cenis, südlich vom Pass, und unter den Jochen: der Bernina, der Gotthard, der Simplon, alle an der Grenze der Schneeschmelze gelegen. Mit Noth gelingt es der Sommerwärme, dieselben alljährlich auf einige Monate vom Schnee zu befreien. Sollte aber durch irgend eine Ursache die Schmelzkraft des Sommers sich vermindern, so würde der Winterschnee in den Kesseln ausharren, die Niederschläge des folgenden Jahres würden sich zum alten Schnee gesellen und auf diese Weise ein Firnfeld erzeugen, aus dem sich bald ein Gletscher als Ausläufer entwickeln würde, dessen Länge im Verhältniss stände zu der Ausdehnung und Mächtigkeit des Firnfeldes. Eine solche Erscheinung könnte möglicher Weise eintreten, ohne ein namhaftes Sinken der mittleren Jahrestemperatur. Es bedürfte dazu lediglich einer Ermässigung der klimatischen Gegensätze, indem einerseits die Wärme des Sommers und andererseits die Kälte des Winters gemildert würden, wie es leicht geschehen dürfte, wenn die feuchten Winde sich auf Kosten der trockenen vermehrten.

Ein ähnliches Resultat würde sich aber aller Wahrscheinlichkeit nach in gesteigertem Masse ergeben, wenn der Föhn von unsern Alpen verschwände und durch einen feuchten Meereswind ersetzt würde. Es würden sich nicht nur neue Gletscher bilden an Orten, wo gegenwärtig keine vorhanden sind; die jetzigen würden auch wesentlich an Grösse zunehmen, und es bedarf keiner mächtigen Phantasie, um sich vorzustellen, wie z. B. unter solchen Umständen die Gletscher der Seitenthäler des Wallis bis in das Hauptthal gelangen könnten, um sich daselbst zu einem einzigen grossen Eis- oder Firnfelde zu vereinigen. Hat man ja doch nachgewiesen, dass in Skandinavien, bei einem Sinken von nur 1 Grad in der Sommertemperatur, die Hauptplateaux sich nicht mehr alljährlich ihres Schnees entledigen würden, was zu bedeutenden Veränderungen in der ganzen Physiognomie des Landes Anlass geben müsste.

So einladend und verführerisch auch die Theorie sein mochte, wodurch die Eiszeit der Alpen mit der Wüste Sahara in Verbindung gebracht wird, so war dieselbe doch nichts weniger als thatsächlich begründet. Vor Allem musste nachgewiesen werden, dass beide Erscheinungen in der Zeit stimmen und auf dieselbe geologische Periode zurückführbar sind. Die Zeit der Gletscherausdehnung lässt sich nach geologischem Massstab bestimmen. Wir haben anderwärts gezeigt[1]), dass sie n a c h der Alpenhebung, vielleicht durch dieselbe bedingt, eingetreten und mithin sehr jung ist. Wenn aber ein Causalzusammenhang zwischen dem ehemaligen Saharameer und der Eiszeit besteht, so muss jenes Meer noch n a c h der letzten Alpenhebung existirt haben und mithin in die quaternäre Zeit fallen, da bekanntlich die tertiäre Periode mit der Alpenhebung abschliesst. Aus demselben Grunde fiele die Trockenlegung desselben in eine noch jüngere Zeit.

Nun war von jeher die Idee, dass die Wüste Sahara neueren Ursprungs sei, gleichsam instinktartig verbreitet. Schon Ptolomæus spricht von derselben als von einer jüngeren Erscheinung, indem er voraussetzt, dass das Meer dort jedenfalls länger verweilt habe als in den angrenzenden Gebieten.

Gestützt auf die orographische Beschaffenheit dieses weiten Beckens, das nicht allein sehr wenig über das Meer sich erhebt, in manchen seiner Theile, namentlich am nördlichen Saum der Wüste, sogar tiefer sein soll (etliche 20 Meter am Schott Mel-Rhir), haben spätere Reisende diese Voraussetzung wiederholt. Auch ist die Kette der grossen Salzseen, die sich gegen Osten hinzieht, und die man gerne als das Residuum des alten Meeres anzusehen geneigt ist, dieser Annahme mehr oder weniger günstig, um so mehr, als zwischen denselben, in der Nähe des Meerbusens von Kabes, keine wesentliche Bodenerhöhung vorkommt, und es in der That nur einer geringen Senkung bedürfte, um das Mittelmeer mit dem grossen Schott Djerid in Verbindung zu setzen und ein weites Feld der Wüste wieder in ein Binnenmeer zu verwandeln. Ausserdem war in neuerer Zeit vielfach von Meermuscheln die Rede gewesen, die man an verschiedenen Stellen aufgelesen hatte, und als deren häufigste die essbare Herzmuschel, das *Cardium edule* angeführt wird.

---

[1]) Der Gebirgsbau der Alpen, S. 93.

Die näheren Beziehungen dieser Muschelart waren aber nicht genau erforscht. Am nächsten lag die Vermuthung, dass sie aus irgend einem der zahlreichen, am Saume der Wüste sich hinziehenden Salzseen oder Schott herrühren möchte, zumal die Lokalität, von der man sie anführte, wirklich am Schott Mel-Rhir liegt. Gegen eine solche Annahme sprach aber der Umstand, dass man nur leere Schalen kannte, und überhaupt gar keine Kunde von lebenden Muscheln in jenen Seen vorlag[1]).

Unsere Reise in die Sahara sollte uns die erwünschte Gelegenheit bieten, das Problem zu lösen. Die Frage war an sich schon beachtenswerth, vom rein geographischen Standpunkte aus. Sie musste aber ein ganz besonderes Interesse für reisende Geologen haben, im Hinblick auf das Problem, das uns so lebhaft beschäftigte, nämlich die Beziehungen der Wüste zur Eiszeit.

Unter gewöhnlichen Verhältnissen wäre es ein Leichtes gewesen, das Alter der betreffenden Formation aus den darin enthaltenen Schalentrümmern abzuleiten und zu ermitteln, ob diese zur gegenwärtigen Fauna Afrika's gehören oder aus einer vorweltlichen Zeit stammen, wie denn unsere Conchyliologen mit grösster Bestimmtheit zu sagen wissen, ob eine Muschelart, die man ihnen vorzeigt, der Molasse, dem Pliocen oder gar dem Löss angehört.

Anders verhält es sich in der Wüste. Dort herrscht Unbestimmtheit nach allen Richtungen. Nicht nur weiss man nichts von den Thieren, die in den Salzseen leben, die Wüste selbst ist noch weniger zuverlässig, insofern deren Boden theilweise aus losem Sande gebildet und dieser Sand in seiner jetzigen Gestaltung und Lagerung das Werk der Winde ist, das Material der Wüste mithin aus Formationen verschiedenen Alters zusammengeweht sein kann.

Glücklicher Weise besteht aber die afrikanische Wüste nicht lediglich aus Flugsand, wie man es sich oft vorstellt. Die Durchschnitte der artesischen Bohrungen hatten schon mehrfache Anzeichen von Schichtung geliefert. Dieselben waren aber unserer Beobachtung

---

[1]) Laut einer Mittheilung, die wir der Freundlichkeit des Herrn Duveyrier verdanken, ist das *Cardium edule* dem grossen Schott El-Djerid ebenso fremd als dem Schott Mel-Rhir.

nicht zugänglich, und auf der ganzen Strecke von Biskra nach Tuggurt hatten wir kaum Gelegenheit gehabt, wirkliche Durchschnitte zu sehen, noch weniger irgend eine Spur von Versteinerungen anzutreffen. Das erste Anzeichen von etwas Aehnlichem fanden wir östlich von Tuggurt auf dem Wege nach den Oasen des Suf an einem Brunnen, den man vor nicht langer Zeit zu graben angefangen hatte. Bei näherer Betrachtung der Umsäumung desselben bemerkten wir an den Wänden des Kessels, dass die Sandkörner abwechselnd bald grösser bald kleiner waren, und wenn auch keine Schichtfläche dieselben von dem gewöhnlichen Sande trennte, so ergab sich doch daraus eine gewisse Aufeinanderfolge, wie sie nur durch die Ablagerung im Wasser erzeugt wird. Vom Winde konnten solche Wirkungen nicht hervorgebracht sein. Zugleich zeigten sich vielfach kleine eckige Steinchen, welche die Form von Gipskrystallen hatten, obgleich sie hauptsächlich aus feinen Sandkörnern zusammengesetzt waren. Noch durften wir jedoch nicht auf eine wahre Schichtung schliessen, zumal es uns nicht gelingen wollte, auch nur die geringste Spur von irgend einer Versteinerung oder überhaupt einer Muschelschale zu entdecken. Die Wahrscheinlichkeit ihres Vorhandenseins lag indessen vor, und unsere Aufmerksamkeit war um so gespannter. Die wahre Lösung des Räthsels sollten wir jedoch erst später, während der Rückreise, auf dem weiten Plateau zwischen den Oasen des Suf und dem Schott Mel-Rhir finden.

Am 6. December 1863 Morgens hatten wir in aller Frühe Guemar, die zweitgrösste Oase des Suf, verlassen und zogen mit einer zahlreichen Karawane nach Norden gegen den Schott oder Salzsee. Nach einigen Stunden schon waren die Dünen weniger zahlreich; ziemlich grosse flache Strecken dehnten sich zwischen ihnen aus, und um Mittag waren wir bereits wieder auf dem Plateau angelangt, wo die durch frühere Auswaschungen bedingten Abstürze vielfach mit den wirklichen Dünen wechselten. Hin und wieder ist das Plateau so sehr ausgewaschen, dass nur schmale Gräte zwischen zwei Erosionen übrig bleiben, die dann das Ansehen von Hügeln mit flachem Gipfel annehmen. Einen solchen scharf ausgeprägten Grat hatten wir ausgewählt, um unser Mittagsmahl darauf einzunehmen. Als wir zu demselben gelangten, bemerkten wir ganz in der Nähe einige seltsam gestaltete Kegel von zwar nicht mehr als 10 Fuss Höhe, jedoch mit steilen und scharf ausgeprägten Abstürzen, ganz das Gegentheil von der abgerundeten Form der Dünen. (Siehe Taf. III.)

Wir fanden nun, dass die Kegel zwar aus feinem Sande bestanden, bemerkten aber zugleich eine deutliche, wenn auch unregelmässige, in verschiedenen Winkeln aufgelagerte Schichtung (Uebergussschichtung). Bei näherer Prüfung entdeckten wir auch darin eine Menge Bruchstücke von Muschelschalen, die zwar sehr abgerieben waren, indessen doch durch ihre Rippen sich als Stücke von Bivalven beurkundeten. Hier konnte also kein Zweifel mehr walten. Wir hatten es mit einer wahren Wasser-Ablagerung zu thun, die sich durch Schichtung sowohl als durch ihre organischen Reste zu erkennen gab. Es blieb uns nur noch übrig, die Spuren der Muschel zu identificiren, um festzustellen, ob es sich um eine Meer- oder Süsswasserablagerung handelte. Dieses Resultat, auf das wir natürlich sehr gespannt waren, liess nicht lange auf sich warten.

Am folgenden Tage lagerten wir des Mittags am Brunnen Buchana. Wie alle Brunnen der Wüste liegt dieser in einer Niederung oder früheren Auswaschung, umgeben von den gleichen schroffen Abhängen, wie wir sie schon mehrfach erwähnt haben. Nur war hier der Gipfel von der härteren Gipsschicht überdeckt, die, eben weil sie härter und weniger zerstörbar war, wie eine Brüstung über die Abhänge hinausragte. Wir untersuchten an mehreren Stellen die unter der Gipskruste gelegene Masse und fanden sie wiederum aus feinem Sande mit Uebergussschichtung zusammengesetzt. Es war dies eine direkte Aufforderung zu näherer Prüfung, welche sofort eingeleitet wurde und auch nicht ohne Erfolg blieb. Unser Anführer, Herr Hauptmann Zickel, Direktor der artesischen Brunnen in der Wüste, dessen Interesse nicht minder erregt war als das unsrige, fand auch sehr bald dieselben kleinen Schalentrümmer, und nach einer Weile auch eine beinahe vollständige Schale, die sich mit ziemlicher Sicherheit als Herzmuschel *(Cardium edule)* herausstellte. Zugleich fanden sich auch ein Stück von einem Tritonshorn *(Buccinum gibberulum* Lam[1]*)* und einzelne Fragmente von Seetulpen *(Balanus*

---

[1] Eine noch heute an der Nordwestküste von Afrika lebende Art.

Taf. II.

Übergussschichtung mit Meermuscheln (Cardium edule)

miser L.). Somit war die Frage entschieden. Der Sand, der die Schalen einschloss, war unzweifelhaft ein Meergebilde.

Am dritten Tage gelangten wir in die Nähe des grossen Schott Mel-Rhir, den wir zum Theil zu durchwaten hatten. Das grosse Becken, zu dem man allmählig hinabsteigt, ist im weiten Umkreis von hohen Terrassen umgeben, an deren Gehängen vielfach mergelichte Lager mit dem reinen Sande abwechseln. Letzterer bot uns ebenfalls Muscheln in Menge, und zwar immer die gleiche Herzmuschel, diesmal mit beiden Schalen, unversehrt. Somit hatten wir dieses muschelführende Sandlager an drei verschiedenen Stellen des Plateaus und in einer Entfernung von mehr als zwölf Stunden nachgewiesen.

Bringt man nun in Rechnung, dass dieselbe Muschel *(Cardium edule)* in den gleichnamigen Abstürzen des Schotts bei M'rair an seinem westlichen Ufer vorkommt, das sie von Herrn Marès in der Nähe von Ouargla (unter 32° nördl. Breite) in einer Höhe von 130 Meter und an der Daya von Habessa (unter dem Meridian von Orléansville und etwas südlich vom 32. Breitegrad), sogar in einer Meereshöhe von 400 Meter angetroffen worden[1]), so liegt der Schluss nahe, dass sie nicht, wie man glaubte, der jetzigen Fauna des Schotts, der ohnedies öde zu sein scheint, sondern einem tiefern und umfassenderen geologischen Horizont angehören und mithin auf einen Seeboden hindeuten, den man wahrscheinlich in verschiedenen Richtungen wird weiter verfolgen können, nun da der Anstoss dazu gegeben ist[2]).

Hier aber stellt sich eine für den Naturforscher nicht unwesentliche Frage ein: Die erwähnte Herzmuschel kommt bekanntlich noch jetzt lebend im Mittelmeere vor; sie ist aber an gewisse Stationen gebunden, und wird in Afrika hauptsächlich an den Flussmündungen, in Europa meist in den Salzmooren, z. B. entlang der

---

[1]) Bulletin de la Soc. géol. de France. 2° Série Tome. XIV, p. 536.

[2]) Die Angabe der Tiefe von 300 Fuss, bis zu welcher, nach Lyell, das *Cardium edule* vorkommen soll, scheint auf einem Irrthum zu beruhen. Dem Herrn Hauptmann Zickel ist diese Muschel in keinem seiner Schachte aus einer namhaften Tiefe bekannt geworden, und nach Herrn Marès soll sie nirgends in der Wüste tiefer als 7 oder 8 Meter angetroffen worden sein.

ganzen Küste von Languedoc angetroffen, wo der Salzgehalt des Wassers ein viel geringerer ist als im offenen Meer. Es ist mit einem Wort eine Brackwassermuschel. Somit liegt der Schluss nahe, dass das Wasser, in dem die Muschel früher gelebt hat, dieselbe Eigenthümlichkeit besass, d. h. ein unvollkommen salziges Becken gewesen sein muss, im Gegensatz zu den jetzigen Schotts, die sich bekanntlich durch ihr Uebermass an Salzgehalt auszeichnen.

Ist diese Annahme gerechtfertigt, so musste das Sahara-Meer, zur Zeit als die genannte Herzmuschel darin lebte, den Bedingungen entsprechen, welche den jetzigen Brackwassern eigenthümlich sind. Diese sind aber in der Regel nur Binnenseen, und es ist eine bekannte Thatsache, dass die Thiere derselben im Vergleich zu denen in offener See mehr oder weniger verkümmert sind. Auch ist die Zahl der Species eine geringere. Nimmt man nun an, dass die Wüste zu irgend einer gegebenen Zeit vom Meer eingenommen war, so muss sie in ihrem Wesen so ziemlich der Ostsee entsprochen haben. Es war ein Binnenmeer, dessen Verbindung mit dem Mittelmeer durch die Meerenge von Kabes vermittelt wurde[1]).

Fragt man nun nach der Ordnung, in welcher die Erscheinungen auf einander gefolgt sind, so ergibt sich, dass die Sahara noch Meer war, als die Alpen schon in ihrer jetzigen Gestalt existirten. Damit ist nicht nur die Erklärung oder die Theorie von Escher über den Einfluss der Wüste gerechtfertigt, sondern es ergibt sich auch der andere bedeutende Schluss: dass seit der Erhebung der Alpen, mithin in der allerjüngsten Periode, von der man annimmt, dass der Mensch ihr Zeuge gewesen, Veränderungen von der grössten Bedeutung sich zugetragen haben, in geographischer sowohl wie in klimatischer Hinsicht. Dieselben Südwinde, welche früher den Niederschlag von Schnee in den Alpen begünstigt hatten, wurden später zum trocknen Föhn oder „Schneefresser" und veranlassten den Rücktritt der grossen Gletscher.

---

[1]) In noch früheren Zeiten mag dieses Meer sogar auch die Südgrenze von Marocco bespült haben und mit dem atlantischen Ocean verbunden gewesen sein, einen weiten Meeresarm zwischen dem Atlas und dem wahren Afrika bildend.

Wie langsam aber dieser Process der Gletscherverminderung vor sich gegangen, darüber besitzen wir freilich keine bestimmten Data; jedenfalls bedurfte es dazu eines lange andauernden Zeitraumes. Es liegen Gründe zur Annahme vor, dass die Grenzen der Gletscher während der Eiszeit bedeutenden Schwankungen unterworfen gewesen. Viele Geologen wollen sogar zwei Gletscherperioden annehmen, die durch eine Zwischenzeit mit ähnlichem Klima wie das jetzige getrennt waren und zu welcher die Gletscher ungefähr bis in ihre gegenwärtigen Sitze müssen zurückgegangen sein. Als Beleg dafür werden von Herrn Prof. Heer[1]) namentlich die Schieferkohlen von Utznach, Dürnten und Wetzikon im Kanton Zürich (ein dem comprimirten Torf ähnliches Gebilde) angeführt, welche zwischen zwei Lagern von erratischen Blöcken vorkommen und die gleichen Pflanzen und Käfer enthalten, die heut zu Tage bei uns angetroffen werden.

Auch zu dieser Erscheinung muss sich nun die Sahara auf irgend eine Weise verhalten, und wenn die Eiszeit selbst so verschiedenartige Momente nachweist, so dürfen wir auch wohl ein Aehnliches von der Wüste annehmen. Die Trockenlegung der Sahara wäre demnach, wie die Ausdehnung der Gletscher, bedeutenden Schwankungen unterworfen gewesen. Als Beweis hiefür wird man vielleicht einst die verschiedenen mit Sand abwechselnden Gips- und Salzlager anführen, so wie den Umstand, dass beim Bohren eines artesischen Brunnens zu Om-Thiour im Oued-Rhir sich Spuren von Süsswasser-Muscheln *(Planorbis)* in bedeutender Tiefe (98^m) vorgefunden haben.

Somit wäre denn die Sahara der grosse Regulator unseres Klimas, und zwar: ist sie mit Wasser bedeckt, so wird die Gletscherbildung übermässig; ist sie trockene Wüste, so ist unser Klima ein für seine geographische Lage und Höhe des Bodens ausnahmsweise bevorzugtes. Erst dann, wenn die Sahara wäre, was sie nie gewesen, eine Grassteppe, eine mit Savannen bedeckte Ebene, oder ein Kulturland, würden unsere Alpen zu ihrem eigentlichen Klima gelangen, welches ein verhältnissmässig kälteres als das gegenwärtige und milderes als das frühere (zur Eiszeit) wäre.

---

[1]) Die Urwelt der Schweiz, 1864.

wirkung, die man ihr auf Europa zur Gletscherzeit anweist. Wir geben gerne zu, dass in dieser Hinsicht nähere Aufschlüsse über die Höhe und geologische Beschaffenheit der südlichen Theile der Wüste von höchstem Interesse wären.

In Ermangelung derselben liefern uns aber gerade die Höhenmessungen von Herrn Marès das beste Argument zu Gunsten der Escher'schen Theorie. Fand er doch selbst das *Cardium edule* in einer Höhe von 130 Meter in der Nähe von Ouargla, etwas südlich vom 32. Breitegrade, und sogar bis 400 Meter in der Deia von Habessa unter dem gleichen Breitegrade und im Meridian von Orleansvile, also schon bedeutend wüsteneinwärts. Waren aber — einige lokale Hebungen vorbehalten — sämmtliche Gebiete, welche diese Höhe nicht erreichen, zur Zeit, wo das *Cardium edule* in Ouargla lebte, unter Wasser, so dürfte sich daraus ein bedeutendes Areal ergeben, das wohl geeignet war, mit Nachdruck auf Europa einzuwirken.

Einen anderen Einwand gegen die Escher'sche Theorie hat man aus der allgemeinen Verbreitung der alten Gletscherspuren ableiten wollen, die bekanntlich nicht nur auf die Alpen beschränkt sind, sondern sich in vielen andern Gebirgen, wie z. B. in den Pyrenäen, den Vogesen und im ganzen Norden von Europa und Amerika wiederfinden. In so fern man annimmt, dass sie alle aus derselben Zeit stammen, und dass die Eiszeit eine allgemeine über die ganze Erde *gleichzeitig* verbreitete Erscheinung war, reicht die Theorie freilich nicht aus, da die Sahara unmöglich in irgend einer Beziehung zu den amerikanischen Erscheinungen, geschweige zu denjenigen der südlichen Halbkugel, wie z. B. den alten Gletscherspuren auf dem Feuerlande oder auf Neuseeland in Verbindung gebracht werden kann.

Diese *Gleichzeitigkeit* ist aber keineswegs eine erwiesene Thatsache; sie ist vielmehr nur ein Nachklang aus jener Zeit, wo man nur grosse, die ganze Erdkugel betreffende Umwälzungen, hervorgerufen entweder durch allgemeine kosmische Einwirkungen oder gar durch physiologische Ursachen (Fieberfrost der Erde), gelten lassen wollte. Sind die Beziehungen, die wir zwischen der Sahara und dem Alpen-Klima annehmen, gerechtfertigt, so liesse sich vielleicht gerade daraus ein Einwurf gegen die Allgemeinheit und Gleichzeitigkeit der Erscheinung ableiten. In der That, es setzt die Besitznahme der Sahara durch das Meer eine locale Senkung voraus, sowie ihre nachherige Trockenlegung eine langsame Hebung. Zugleich liegt es aber in der Natur der Dinge, dass jeder Hebung andern Orts eine Senkung entsprechen muss, und dass, wenn irgendwo Wasser abfliesst, es anderwärts zufliessen muss. In so fern nun die letztere Hebung der Sahara in irgend einem andern Welttheil eine continentale Senkung voraussetzt, muss dieselbe in entsprechender Weise auf das bezügliche Clima einwirken, mithin die Feuchtigkeit der Luftströmungen steigern.

Es liesse sich vielleicht gar dieser Satz durch heutige Zustände begründen. So hat neuerlich v. Hochstetter[1]) nachgewiesen, dass auf der Südinsel von Neu-Seeland die Gletscher auf der langen Abdachung bis zu 2800 Fuss und auf der kurzen Abdachung sogar bis zu 500 Fuss über dem Meer herabsteigen, was er dem feuchten, oceanischen Clima dieser Insel zuschreibt. Ein solch tiefes Niveau der Gletscher in einer Breite von $43^1/_2$° ist aber ziemlich gleichbedeutend mit der früheren Ausdehnung unserer Alpengletscher zur sogenannten Eiszeit, und daraus wäre der Schluss gerechtfertigt, dass gegenwärtig die südliche Hemisphäre in der Eiszeit begriffen sei.

Demnach stände einstweilen fest: es gibt einen warmen und trockenen Südwind, welcher mächtig in die Oekonomie der Alpengletscher eingreift; dies ist der Föhn. Dieser kann von nirgend anders als von der afrikanischen Wüste herkommen. Wenn dieser Wind heute ausbliebe, so würden sofort unsere Alpen sich mit Schnee überladen und in Folge dessen die Gletscher wieder vorzurücken beginnen. Wenn gar der Föhn durch einen feuchten Wind ersetzt würde, welcher den Schneefall noch erhöhte, so dürfte leicht eine allgemeine Vergletscherung der Alpen eintreten, eine Eiszeit, wie sie damals herrschte, als die Wüste noch Meer war.

Möge daher die Sahara noch lange Wüste bleiben und durch ihren warmen und trockenen Hauch die Gletscher der Alpen in ihre Grenzen bannen!

---

[1]) Reise der österreichischen Fregatte Novara. Geologischer Theil, Bd. I, S. 257.

Vierter Brief.

Ueber die vorhistorischen (celtischen) Denkmäler im Norden von Afrika. — Die Dolmen von Bu-Merzug. — Schujas oder Todtengemächer der Umgegend von Batna. — Berbrugger's erste Erklärung der celtischen Denkmäler in Afrika. — Beziehung zu den Tamhu. — Ursprüngliche Heimath der Dolmen.

Seit einiger Zeit erfreuen sich die vorhistorischen Denkmäler der grössten Aufmerksamkeit nicht allein von Seiten des gelehrten, sondern des gebildeten Publicums überhaupt. Die Dolmen und Kromlech sind nicht mehr ein nur wenigen Eingeweihten zugängliches Gebiet. Ueberall liesst man Berichte über deren Vorkommen und Verbreitung; auch speciellere Werke fehlen nicht, die es sich zur Aufgabe gemacht haben, ihre Ausdehnung und zugleich ihre Beziehung zu den übrigen Denkmälern der vorhistorischen Zeit zu erforschen. Wir erinnern nur an das so eben erschienene Werk von Bonstetten[1] und an eine nicht minder interessante Arbeit von Alex. Bertrand in der *Revue Archéologique*[2]. Angesichts dieses regen Interesses dürfte es vielleicht der Mühe werth sein, Einiges über ähnliche Monumente in dem nördlichen Afrika zu berichten.

Bis jetzt sind die Dolmen bekanntlich als Altäre oder Grabmäler, oder als beides zugleich, angesehen worden. Auch zu dem heidnischen Kultus der Druiden wurden sie in Beziehung gebracht; immerhin aber haben sie als eine den vorhistorischen Völkern und speciell den

---

[1] Essai sur les Dolmens, Genève 1865.
[2] De la distribution des Dolmens sur la surface de la France. Revue archéologique, Août 1864.

Celten zugehörige Erscheinung gegolten. Von diesem Gesichtspunkte aus musste es in der That Aufsehen erregen, als vor einigen Jahren die erste Kunde nach Europa gelangte, dass ähnliche Denkmäler vielfach über Nordafrika verbreitet seien. Wohin brächten wir nun die Celten? Und wenn jene Denkmäler wirklich celtischen Ursprungs sind, wie sollte man sich deren Vorkommen im Gebiete des Atlas erklären? Kein Wunder, dass von allen Seiten Zweifel an der gemeldeten Thatsache selbst erhoben wurden. So erzählte uns der Gouverneur der Provinz Constantine, Herr General Devaux, gegenwärtig Untergouverneur von Algerien: wie der englische Alterthumsforscher Christy auf das höchste erstaunt gewesen, als er in Constantine vernahm, dass sich in geringer Entfernung von der Stadt die Dolmen so zahlreich vorfinden, dass man sie zu Hunderten zähle. Der Antiquar, meinte der General, habe zwar aus Höflichkeit nicht widersprochen, aber ein so ungläubiges Gesicht zu dieser Neuigkeit gemacht, dass er sich veranlasst gesehen, ihn zum Besuch der Lokalität aufzufordern und ihm die Mittel dazu anzubieten.

So zog denn Herr Christy in Gesellschaft eines jungen französischen Gelehrten, Herrn Féraud, am 17. April 1863 nach den Quellen des Bu-Merzug, dreissig und etliche Kilometer südlich von Constantine, und dort fanden sie in einem Umkreis von 3 Stunden, auf den Hügeln sowohl als in der Ebene, das ganze die Quellen umgebende Gebiet mit sogenannten celtischen Denkmälern bedeckt, als Dolmen, Halbdolmen, Kromlech, Menhir und Tumuli, mit einem Wort fast alle in Europa bekannten Typen aus der celtischen Zeit. Als die Reisenden nach einigen Tagen wieder in Constantine angekommen waren und der General Herrn Christy fragte: ob er sich wirklich einer Uebertreibung schuldig gemacht, als er von dreihundert Dolmen gesprochen, antwortete dieser: nicht zu Hunderten, sondern zu Tausenden kann man die Denkmäler dort zählen; überall, auf der Höhe, sowie auf den Abhängen trifft man sie an, überhaupt an jeder Stelle, wo ein solches nur gesetzt werden konnte.

Eine Anzahl dieser Denkmäler ward ausgegraben, und es fanden sich darin ähnliche Geräthschaften wie in denen von Europa: so z. B. Töpfergeschirr, und zwar rohes, d. h. halbgebranntes oder gar ungebranntes, wie dasjenige der Pfahlbauten, anderes wieder das wohl gebrannt war; ferner kupferner Zierrath, wie Ohrringe, kleine Fingerringe, Schnallen u. s. w.; ja selbst eiserne Geräthschaften wurden vorgefunden, in einem Denkmal sogar eine bronzene Medaille der Faustina.

Nach allen bisherigen Untersuchungen geben die Dolmen von Bu-Merzug Zeugniss für verschiedene Zeitalter, von der Bronzezeit an bis zur Eisenzeit, ja sogar bis in die römische Zeit. Die Leichen fanden sich in der Regel mit heraufgezogenen Knieen, so wie sie in den Gräbern der europäischen Dolmen angetroffen werden.

Als wir selbst ein Jahr darauf diese Gegend bereisten und uns die Resultate dieser damals noch nicht publicirten Forschungen mitgetheilt wurden[1], mussten sie natürlich unser regstes Interesse erwecken. Wir benützten jede sich darbietende Gelegenheit, um uns Aufklärung über diese neue höchst unerwartete Erscheinung zu verschaffen, und so erfuhren wir denn, dass in andern Theilen der Provinz, namentlich in der Gegend von Guelma, die Zahl der Monumente noch viel bedeutender und auf dem Plateau zwischen Guelma und Constantine die Oberfläche wörtlich meilenweit damit übersäet sei, so dass man sie daselbst zu Tausenden zähle könne[2].

Doch nicht allein Dolmen und Menhir kommen dort vor; man trifft auch jene andern für das Celtenthum nicht minder charakteristischen Denkmäler, in Gestalt von niedrigen aus losen Steinen zusammengesetzten Thürmen, mit einem Todtengemach in der Mitte, ganz den Galgal der Bretagne entsprechend, und welche hier unter dem Namen *Schuja* bekannt sind. In einigen derselben wurden

---

[1] Ein Bericht über diese erste Exploration von Bu-Merzug nebst Beschreibung und Abbildung der aufgefundenen Gegenstände ist seitdem in dem *Recueil de la Société archéologique de Constantine, 1863, p. 214* erschienen. Hr. Féraud hat ausserdem ganz neuerlich in der *Revue archéologique*, März 1865, eine Statistik der hauptsächlichsten celtischen Denkmäler der Provinz Constantine publicirt, nebst einer Karte, auf welcher dieselben verzeichnet sind. Wir dürfen ebenfalls auf einen demnächst zu erscheinenden Bericht des Herrn Letourneux, den er uns einzuschicken die Güte hatte, verweisen.

[2] Herr Commandant Payen führt in dem einzigen Kreis von Bordj-bou-Areridj im Gebiete von Setif nicht weniger als zehn Tausend celtische Denkmäler, meist Menhirs, an.

inmitten eines schwarzen Moders menschliche Gebeine angetroffen. schon aus dem kleinen Durchmesser der Kammern ward man zur Annahme geführt, dass die Leichen nicht liegend bestattet wurden, und in der That hat Herr Commandant Payen in den Schujas der Umgegend von Bata die Skelette zusammengelegt gefunden, ein Beweis, dass sie wie in den entsprechenden Denkmälern Europa's in sitzender Stellung begraben wurden. Zwar hat man diese Schuja's noch nicht wie die Galgal mit den Dolmen unter einem Tumulus vereinigt gefunden. Der Umstand aber, dass sie gemeinschaftlich mit letzteren vorkommen, scheint keinen Zweifel über ihre Zusammenhörigkeit zu lassen[1]).

Demnach gibt es auf dem afrikanischen Continent ein Gebiet, wo die Denkmäler nicht nur eben so gut erhalten sind wie in europäischen Gegenden, sondern auch viel zahlreicher als irgendwo in Europa, selbst in der Bretagne, vorkommen. Insofern aber die Zahl einen Massstab abgeben kann für die Tragweite einer Erscheinung, muss natürlich angesichts einer so grossen Menge ganz ähnlicher Denkmäler die Frage aufgeworfen werden: wo denn eigentlich, die ursprüngliche Wohnstätte des betreffenden Volks zu suchen sei, und, falls dies wirklich ein ethnographisches Band voraussetzt, wo das Stammvolk seinen Sitz hatte und wo die Sprösslinge zu Hause waren? Es eröffnet sich hiermit ein weites Feld für die Alterthumsforschung.

Indessen waren diese sogenannten celtischen Denkmäler in Nordafrika nicht gar so lange unbeachtet geblieben. Namentlich konnten sie dem geübten Auge des Herrn Berbrugger, Vorstehers der

---

[1]) Noch eine andere Art celtischer Denkmäler, gleichsam eine Verschmelzung der Schujas und der Dolmen, ist neuerlich durch Herrn Letourneux bekannt geworden. Es ist ein thurmähnlicher Bau aus losen Steinen mit einem Dolmen als Aufsatz, von den Eingebornen *Sebka* genannt. Unzweifelhaft war dies auch ein Grabmal. In so fern aber diese Thurmform sehr verbreitet und gleichsam national war im alten Numidien, liegt der Gedanke nahe, dass die grossen Denkmäler, wie der Kbour-er-Rumiah, oder das sogenannte Grab der Christin bei Cherchell, welches als Grab des Massinissa gilt, und der noch bedeutendere Medrasen bei Batnna oder Grab des Königs Syphax als ähnliche celtische Denkmäler in colossalem Massstabe anzusehen sind. Der Medrasen misst bekanntlich 187 Meter im Umkreis, das Grab der Christin 60 Meter im Durchmesser.

wissenschaftlichen Commission in Algier nicht entgehen. Schon wenige Jahre nach der französischen Eroberung war er auf ähnliche Monumente in der Nähe von Algier, bei Guyotville, ungefähr 3 Stunden westlich von der Hauptstadt, gestossen. Auch hatte er sie sogleich für celtische Denkmäler erkannt. Wie aber sollte er sich diesen Fund, die Anwesenheit von solchen dem Norden Europa's angehörigen Denkmälern erklären? Es war dies ein Problem, welches ihn natürlich vielfach beschäftigen musste. Von übereinstimmenden Denkmälern in der Provinz Constantine wusste man damals nichts. Ein eigenes Geschick führte zu einer anscheinend befriedigenden Erklärung. Man brachte nämlich Herrn Berbrugger eines Tages einen Grabstein aus dem Lande Setif, bei der jetzigen Stadt Aumale. Der Stein trug eine Inschrift, welche einem *centurio armoricanus* gewidmet war. Dieser Fund musste ihm als eine Lösung des schwierigen Problems gelten. In der That, wenn hier ein Hauptmann aus der heutigen Bretagne begraben war, so hatte er wahrscheinlich einer Abtheilung seiner Landsleute vorgestanden, und wenn je eine Legion aus dem westlichen Gallien hier eine Zeitlang in Garnison gestanden, wie so manche andere Truppe aus den entferntesten Gebieten des weiten römischen Reiches, warum sollten diese Leute ihre Todten nicht nach heimathlicher Sitte beerdigt haben.

Mit dieser Erklärung hat man sich beinahe zwanzig Jahre lang begnügt. Und sie war zugleich die Ursache, warum die auffallenden Denkmäler in der Umgend von Algier zu keinen specielleren, weiteren und gründlicheren Untersuchungen Anlass gegeben haben. Erst als die unendliche Zahl ähnlicher Denkmäler im Osten und Westen, d. h. über das ganze Gebiet des alten Numidiens und bis in die Gegenden, wo aller Wahrscheinlichkeit nach die Römer und ihre Legionen niemals vorgedrungen sind, gefunden worden, da musste die Frage eine andere Gestalt annehmen.

Herr Berbrugger hat nicht angestanden, seine frühere Ansicht zu widerrufen, und erkennt selber an, dass diesen Denkmälern eine weit grössere Bedeutung zuzuschreiben ist, dass sie die Verlassenschaft eines über ganz Nordafrika verbreiteten Volkes sind. Welches war aber dieses Volk? Die Geschichte kennt aus vorrömischer Zeit auf nordafrikanischem Boden ausser den Carthagern, welche keine

Eingeborenen sind, nur die Numidier oder Berbern, und im Osten die Aegyptier. Wenn auch in manchen der Denkmäler, wie bereits erwähnt, Münzen und Geräthschaften aus römischer Zeit vorkommen, so zeigen andere wieder Gegenstände von einfacherer und ganz primitiver Beschaffenheit, ähnlich denen aus der Bronzezeit; ja sogar steinerne Geräthschaften kommen vor, besonders Steinbeile. Somit würden diese Monumente eine geraume Zeit umfassen, während welcher mannichfaltige Fortschritte stattgefunden haben, ohne dass die traditionelle Form der Grabmäler aufgegeben wurde. Nach der Analogie würden diese daher weit in die Vergangenheit zurückreichen, und in der That, wenn wir gut unterrichtet sind, geht aus den jüngsten Untersuchungen unserer ersten Aegyptologen hervor, dass die Aegyptier schon Jahrtausende vor unserer Zeitrechnung mit einem Volk gegen Abend, dem der Tamhu, verkehrt haben. Nach Brugsch soll bereits 2800 Jahre vor unserer Zeitrechnung eine ägyptische Gesandtschaft zu den Tamhu geschickt worden sein. Diese Tamhu scheinen überhaupt eine bedeutende Rolle bei den Aegyptiern gespielt und in grossem Ansehen bei ihnen gestanden zu haben.

Man besitzt mehrere Wandtafeln aus alten ägyptischen Tempeln, auf denen in der Regel vier Menschentypen dargestellt sind: der Aegyptier gelb, der Semite roth, der Neger schwarz und zuletzt der Tamhu weiss, mit schönem Profil und in Thierfelle gehüllt. Zuerst hat man sich natürlich vorgestellt, es müssten unter dem letztern Typus die Europäer verstanden sein. Nun scheint es sich aber aus den neuesten Untersuchungen zu ergeben, dass es sich vielmehr um die Bewohner des Atlas handelt.

Somit hätten wir in Nordafrika eine weisse Bevölkerung, die bis auf mehrere tausend Jahre vor unserer Zeitrechnung hinaufreicht. Wenn man nun die jetzige Bevölkerung des Atlas in's Auge fasst, so stimmt freilich ihr Typus nicht mit obigem Bild der Tamhu überein; sie gleicht eher dem semitischen Stamme in Ausdruck und Hautfarbe. Je abgelegener aber ein Gebiet ist, desto mehr tritt die weisse Hautfarbe in den Vordergrund. So haben wir in einem früheren Brief bereits erwähnt, dass die Bewohner der Oasen des Suf kaum von den Europäern zu unterscheiden sind. Auch war es den Reisenden nicht entgangen, dass selbst in manchen Bezirken des Atlas, namentlich in den gebirgigen Theilen, öfters Menschen von ganz europäischem Aussehen, mit weisser Haut und blauen Augen anzutreffen sind. Zur Erklärung dieser Erscheinung mussten die Vandalen dienen, als deren vereinzelte Ueberreste sie namentlich von Arago angesehen wurden. Nun trat aber bald dieselbe Schwierigkeit wie bei den Dolmen ein, dass sie nämlich in Gegenden vorkommen, wo niemals Vandalen gewesen, namentlich in den südwestlichen Theilen. Berücksichtigt man jedoch die zahlreichen Invasionen und Vertilgungskriege, von denen dieses Land heimgesucht worden, so drängt sich immer nachdrücklicher der Gedanke auf, dass die weissen Menschen dort vielmehr die Ueberreste der ursprünglichen Bevölkerung der echten Berbern, die Nachkommen der weissen Tamhu sind. Jedenfalls scheint der Schluss berechtigt, dass die Tamhu, wenn sie Bedeutung genug hatten, um in regelmässigem Verkehr mit den ägyptischen Königen zu stehen, auch einen gewissen Grad von Kultur besessen haben, als deren Zeugen wohl die so verbreiteten Grabmäler gelten dürften. Sollte dies sich begründen lassen, so tritt die oben schon erhobene Frage um so berechtigter auf: wohin die ursprüngliche Heimath dieser Denkmäler und namentlich der Dolmen zu verlegen ist, und da sie mit den europäischen Dolmen, speciell denen in Süd-Frankreich, vollständig übereinstimmen, so entsteht die Frage nach ihrer Beziehung zu den Celten ganz von selbst.

Wenn nun die Dolmen, wie manche Archäologen es annehmen, von Europa nach Nordafrika verpflanzt worden, so müsste diess in einer Epoche geschehen sein, die weit über die Gränzen hinausreicht, in die man das Celtenthum in der Regel verlegt. Wir möchten daher die Frage aufwerfen: ob es nicht eben so zulässig ist, eine **Einwanderung der weissen Race auch in entgegengesetzter Richtung, d. h. von Nordafrika nach Europa anzunehmen?** Es scheint uns besonders dafür auch der Umstand zu sprechen, dass dort jene Monumente viel zahlreicher und mannichfaltiger auftreten als auf unserm Continent, wo sie verhältnissmässig nur vereinzelt vorkommen; und sollte nicht auch der Umstand in Rechnung gebracht werden, dass jene Denkmäler sich vornehmlich längs der Küste des westlichen Europa's finden? Es wird ja überhaupt als ausgemacht angenommen, dass die Celt-Iberen und die Bewohner der Insel Sardinien aus Afrika stammen.

Bis jetzt hat man uns die Sprache als einen Einwurf entgegengehalten. In der That scheint die jetzige Sprache der nordafrikanischen Völker nichts mit den sogenannten celtischen Idiomen gemein zu haben. Man vergisst aber, dass dort, wie kaum auf einem andern Boden, die Eroberung alles bis auf die Sprache vernichtet hat. Indessen gibt es doch einzelne Stämme, den Saum der Wüste entlang, deren Idiom verhältnissmässig wenig arabische Elemente aufgenommen hat. Dahin gehören namentlich die Tuarek, deren Sprache man jetzt erst zu studieren beginnt. Es scheint nun, dass dieselbe durchaus nicht semitishen Ursprungs ist, und, was um so bedeutungsvoller, sie führt noch zur Stunde den Namen der Tambu-Sprache[1]. Den Sprachforschern bliebe es demnach überlassen, die Frage zu beantworten: ob zwischen der Tuareksprache und unsern ältesten europäischen Idiomen nicht eine Verwandtschaft besteht?!

---

[1] Freeman, the Tuareg Language 1864. Vergl. Au capitaine Notions ethnographiques sur les Berbers Touaregs. Mém. de la Soc. de géographie de Genève 1864.

Anhang.

Die neuen Forschungen über die Dolmen.

Brief an Herrn Prof. Carl Vogt.

Ich hatte es wohl vermuthet, dass meine Hindeutungen auf den afrikanischen Ursprung unserer europäischen Bevölkerung manchen Zweifel erwecken dürften. Aber dies kann am wenigsten Sie überraschen; denn Sie haben erfahren müssen, dass et etwas Heikles um alle genealogischen Untersuchungen ist; denn wenn es Manchem schon bedenklich schien, von afrikanischen Beduinen abzustammen, so mussten sich gegen Sie noch ganz andere Schwierigkeiten erheben, der Sie uns ja in der afrikanischen Genealogie noch viel weiter zurückführen wollen.

In der That bedarf die von mir in der Allgem. Zeitung hingeworfene Idee einer weitern Entwicklung. Es handelte sich ja doch vorerst nur um die Feststellung der Thatsache, dass es in Afrika Dolmen gibt und dass daher die sogenannten celtischen Denkmäler sich nicht auf das Gebiet beschränken, welches bisher als die Heimath der Celten angesehen worden. Für Manchen mögen die Thatsachen, die ich angeführt, nicht mit der Wichtigkeit der daraus gezogenen Schlüsse im Verhältniss stehen. Wohl mag man sagen: weil dort auf dem Plateau des Atlas hin und wieder einige aufgerichtete Steine (Menhir) vorkommen, die mitunter mit einer quer darüber gelegten Platte (Dolmen) versehen sind, sollten wir desshalb in Westeuropa Afrikaner sein! Die Sache ist noch einer näheren Begründung werth, und ich räume Ihnen gern das Recht ein, mich darüber zur Rede zu stellen. Wer sich einigermassen mit der Kunde der Denkmäler beschäftigt hat, dem sind wohl auch manchmal, nachdem er sich mit allen Einzelnheiten einer Erscheinung vertraut gemacht, gewichtige Zweifel aufgestiegen, ob die Merkmale, welche er für ein gegebenes Volk gefunden, auch entscheidend sind. Es giebt sicherlich eine Menge Ueberreste menschlicher Industrie, welche den meisten Völkern gemeinsam sind, weil sie den ersten Bedürfnissen des Lebens entsprechen, und weil der Mensch mit seinem Verstande und seinen Händen überall nothwendig auf die Erzeugung derselben Gegenstände kommen musste. Liegt es z. B. nicht nahe, dass er überall einen Stein zurechtschlagen oder selbst abwetzen konnte, um sich daraus einen Keil zu machen, und dass er wieder einen andern Stein oder Knochen zuspitzte, um sich eine Waffe oder Angel daraus zu fertigen? Warum sollte er nicht überall, einmal im Besitze von Thierfellen, auf den Gedanken kommen, dieselben mit einander zu verbinden und eine zähe Wurzel oder eine Sehne als Faden zu benutzen? — Es dürfte von nicht geringem Interesse sein, wenn wirklich das Programm der künftigen Ausstellung in Paris zu Stande kommt, und Wilde aus allen Welttheilen sich dort zusammenfinden, eine Uebereinstimmung in der Herstellung ihrer nothwendigsten Geräthschaften zu beobachten, und zu sehen, wie z. B. ein Australier gerade wie ein Eskimo auf dieselbe Weise eine Pfeilspitze oder eine Fischangel anfertigt.

Aber bei Völkern, welche im Naturzustande leben, wird sich eine gewisse Gemeinsamkeit nicht blos auf die nothwendigsten Geräthe und Waffen beschränken, sondern auch überall da nachweisen lassen, wo es sich um die Aeusserung einer allen primitiven Völkern gemeinsamen religiösen Anschauung oder einer Gemüthsäusserung handelt, die dem Menschen überhaupt und zu allen Zeiten eigen ist. Dahin gehört z. B. die Pietät, welche sich in der Sorge um die Ruhestätte der Verstorbenen kundgiebt, die Bereitung des Grabes, und warum nicht auch ein Stein, ein Steinhaufen (Cairn in Irland) oder Erdhaufen (Tumulus), die man als Denkmäler darauf errichtet? Das Aufrichten von Steinen zur Erinnerung an denkwürdige Ereignisse war überhaupt in den frühesten Zeiten schon allgemeiner Gebrauch. Das alte Testament giebt dafür hinreichendes Zeugniss.

Aus diesen Gründen bin ich ganz geneigt, mit Herrn v. Bonstetten die Menhir und auch die Kromlech in die Kategorie der allen Völkern gemeinsamen Denkzeichen zu verweisen. Der Umstand also, dass hier und dort aufgerichtete Steine gefunden werden, kann an und für sich, wenn er von keinen anderen Einzelheiten begleitet ist, keine weiteren sicheren Schlüsse erlauben.

Etwas Anderes ist es mit den Dolmen. Obgleich immer noch Denkmäler von der einfachsten Konstruktion, sind sie doch im Verhältniss zu dem Menhir schon sehr komplizirt, und wenn wir oben zugeben, dass der Mensch überall ein Grab und einen einfachen Stein oder Steinhaufen darauf errichten mochte, so dürfte die Annahme doch schwer sein, dass er in den entferntesten Ländern auf dieselbe ganz eigenthümliche Form des Gedenkzeichens gefallen wäre, welche wir mit den Einwohnern der Bretagne Dolmen nennen, eine Form, die zu charakteristisch ist und sich ähnlich nicht überall vorfindet. Wenn nun gar solche Monumente mit andern verwandter Natur, wie z. B. den Galgal (runde Opferstuben aus losem Mauerwerk) sich vorfinden oder gar mit mit solchen in einem Tumulus vereinigt sind, wie am Mane-Lud zu Locmariaquer, dann bleibt wohl kein Zweifel mehr übrig, dass hier etwas Besonderes, Nationales unsere Deutung verlangt.

Gehen nun Menschen so weit, solche mitunter ungeheure Monumente ihren Todten zu errichten, so ist wohl anzunehmen, dass die innere Einrichtung des Denkmals dem Stande und der Bedeutung des Todten entsprechen und man folglich darin Spuren und Ueberreste der zur Zeit herrschenden Kultur finden müsse. In der That besitzen wir bereits eine Menge von Geräthschaften, namentlich viele thönerne Gefässe aus den Dolmen der Bretagne. Auch kommen darin nicht selten schöne, herrlich polirte Steinäxte vor. In andern ist hin und wieder auch Metall gefunden worden. Endlich sollten auch die Ueberreste des menschlichen Knochengerüstes selbst mit in Betracht gezogen werden. Leider kennt man deren nur sehr wenige aus den europäischen Dolmen, und von dieser Seite ist die

Ausbeute noch gering geblieben. Anders verhält es sich in Afrika, wie wir später sehen werden.

Herrn Alex. Bertrand gebührt das Verdienst, zuerst genauere statistische Nachweise über die Verbreitung der Dolmen in Frankreich veröffentlicht zu haben¹). Daraus ergiebt sich denn, dass sie sich auf eine bestimmte Zone beschränken und sich hauptsächlich längs der Flüsse vorfinden, die sich in den Ocean ergiessen. Die Departements, in denen sie am zahlreichsten vorkommen, sind: Lot mit 500, Finistère 500, Morbihan 250, Ardèche 155, Aveyron 125, Dordogne 100, Vienne 70, Côtes-du-Nord 56, Maine-et-Loire 53, Eure-et-Loire 40, Gard 32 (nach neueren Zählungen mehr), Aube 28, u. s. w. Dagegen giebt es keine oder nur sehr wenige in den folgenden Departements: Ardennes, Meuse, Moselle, Meurthe, Haute-Marne, Vosges, Haut-Rhin, Haute-Saone, Côte-d'Or, Doubs, Saone-et-Loire, Jura, Ain, Drôme, Vaucluse, Hautes-Alpes, Basses-Alpes, Alpes-Maritimes, Bouches-du-Rhône, Haute- und Basse-Savoie.

Aus diesen Daten zieht nun Herr Bertrand den Schluss, dass das östliche Frankreich keine Dolmen besitzt und dass eine Linie von Marseille, der Rhone und Saone entlang, bis Brüssel gezogen, ungefähr die Grenze bezeichne, welche das Volk der Dolmen nur ausnahmsweise nach Osten überschritten habe. Herr Bertrand weist dabei auf einen beachtenswerthen Umstand hin, dass nämlich die Dolmen den Gebieten der spezifisch hervorragenden gallischen Stämme fehlen, wie z. B. der Eduenser, Senonen, Lingonen, Bituriger, Arverner, Cenomanen, Bojer, Ambarrer, und schliesst daraus, dass die Dolmen keine gallische Denkmäler sein können. Auch seien bis jetzt weder in Italien, in Griechenland²), noch in Galatien, wo die Gallier indessen lange gehaust und wo Spuren ihrer Civilisation vorkommen, solche Denkmäler gefunden worden. Derselbe Forscher bemerkt ferner, dass die zwei Haupthandelsstrassen des Alterthums, einerseits Rhone, Saone und Seine, andrerseits Rhone und Loire entlang, ebenfalls nicht das eigentliche Gebiet der Dolmen durchziehen, und diess führt ihn zu dem Schluss, dass das Volk, welches jene Monumente errichtet,

---

¹) Revue archéologique, Août 1864.
²) Nach Herrn von Bonstetten sollen jedoch Spuren derselben in Argos sowie in Sparta gefunden worden sein.

nicht von Ost nach West gekommen, sondern durch die Flüsse und Thäler der Westküste und zwar von der Orne bis zur Gironde nach Gallien gelangt ist. Wer war nun jenes Volk der Dolmen in Frankreich, wenn die Gallier es nicht waren? Augenscheinlich war es eine seefahrende Nation, welche vom Ozean aus in die Hauptflüsse eindrang, bis in die Nebenflüsse weiter schiffte und sich auf den Plateaux in der Nähe der Letzteren niederliess.

Wie bereits erwähnt, findet man in den Dolmen von Frankreich meist nur Steinwaffen, überhaupt Gegenstände aus Stein und Knochen. Nur ausnahmsweise sind in einigen dieser Denkmäler des mittleren Frankreichs wenige Gegenstände von Bronze und von Gold gefunden worden, so z. B. enthielten zwei Dolmen des Departement du Lot jedes einen bronzenen Dolch und ein drittes, zu Miers, im gleichen Departement, ein schönes bronzenes Schwert, ähnlich denjenigen aus unsern Pfahlbauten. Gegenstände aus Eisen fehlen dagegen bis jetzt gänzlich. Es ist wohl gerechtfertigt, diese Vorkommnisse zur Basis einer Klassifikation anzunehmen, und es ist daher leicht begreiflich, dass Herr Bertrand, der namentlich die Dolmen der Bretagne, welche wenig oder kein Metall enthalten, näher in's Auge gefasst hat, zu der Annahme gelangte, dass diese Monumente überhaupt der Steinzeit angehören. Dagegen lassen sich aber nach unserer Ansicht mancherlei Gründe anführen, deren vollständige Entwicklung jedoch ausser den Grenzen dieses Briefes liegen würde. Erwähnt sei hier nur, dass nach neueren Untersuchungen des Herrn René Galles die inneren Wände der Dolmen nicht so gar einfach sind, als man es sich nach ihrer äussern Gestalt vorstellen könnte. Im Gegentheil lassen sich auf denselben mancherlei Zeichen wahrnehmen, die auf eine ziemlich fortgeschrittene Kultur hindeuten[1]. Noch bemerkenswerther werden dieselben, wenn man sie an Ort und Stelle oder nach Abklatschen in natürlicher Grösse betrachtet, wie sie nach den Berichten des Herrn Mortillet jüngst im Auftrag der archäologischen Kommission von St. Germain aufgenommen worden sind und hoffentlich bald der Oeffentlichkeit übergeben werden.

---

[1] Revue archéologique, November 1864.

Hier tritt uns nothwendig die Frage entgegen, wie solche Zeichen, meist Spirallinien, bisweilen auch übereinander gereihte Winkel (chevrons), sowie Abbildungen von Beilen und Ringen, bis $1/2$ Zoll tief in harten Granit ohne die Hülfe von Metall, speziell von Eisen, konnten eingegraben werden. Es dürfte ferner die Frage berechtigt sein, ob ein Volk, das kein Metall kannte, überhaupt Energie genug besitzen mochte, um solch kolossale Monumente wie die der Bretagne zu errichten; auch ist kein ähnliches Beispiel aus der Völkerkunde bekannt. Hierbei ist nicht zu übersehen, dass in den südlicheren Departements von Frankreich, wo besonders einzelne Geräthschaften von Bronze gefunden worden, die Dolmen im Ganzen viel kleinere Dimensionen zeigen als in der Bretagne, was bereits Herrn von Bonstetten zu der Vermuthung geführt hat, sie könnten vielleicht einer andern, jüngern Periode angehören, wo das Volk schon einen Theil seiner ursprünglichen Energie eingebüsst hatte.

Die unerwartete Entdeckung von ähnlichen Monumenten in Nordafrika konnte natürlich bei diesen Untersuchungen nicht unberücksichtigt bleiben. Es ist bereits von Bertrand wie von Bonstetten anerkannt, dass diese Funde die Gesammterklärung der Erscheinung nicht wenig erschweren. Kennen wir auch nur einen sehr kleinen Theil der nordafrikanischen Dolmen, so ist doch als feststehend zu betrachten, dass dieselben durch ihre Dimensionen mehr mit denjenigen des südlichen Frankreichs als mit den gigantischen der Bretagne verwandt sind. Zudem enthalten die Todtenkammern derselben in der Provinz Constantine mancherlei metallene Geräthe, und zwar nicht allein aus Bronze, sondern auch aus Eisen, ja selbst Gegenstände aus der Römerzeit. Sogar eine Münze der Faustina ist in denselben gefunden worden.

Aber nicht allein in Nordafrika, auch weiter nach Osten, in Tunisien, am Libanon, ja selbst in Indien, kommen Dolmen vor. Wie verlautet, sollen sie neulich in sehr grosser Anzahl auf den Plateaux östlich vom Jordan vom Herzoge von Luynes aufgefunden worden sein, und zwar, wenn wir gut unterrichtet sind, von derselben Beschaffenheit und Grösse wie diejenigen von Nordafrika.

Ohne Zweifel lässt sich in diesen Monumenten eine gewisse Zusammengehörigkeit nicht verkennen, so unvollständig auch unsere

Kenntniss derselben noch ist. Sie müssen, wenn nicht derselben Zeit, doch wohl demselben Stamm angehören, der sich demnach von Vorderasien über Afrika, das südwestliche Europa bis an die Ostsee verfolgen lässt.

Fragen wir aber nach der Zeit, in welche diese Denkmäler fallen, so ist es wenig wahrscheinlich, dass sie sich durch die drei Perioden der Stein-, Bronze- und Eisenzeit hindurchziehen; auch ist nicht abzusehen, warum der Mangel an metallenen Geräthschaften in den grossen Dolmen der Bretagne durchaus für die Steinzeit sprechen sollte. Wir haben bereits oben einiger Einwände gedacht, welche sich nothwendig gegen eine solche Annahme erheben. Die Abwesenheit metallener Geräthschaften in den grossen Dolmen der Bretagne liesse sich aber auch aus priesterlichen Vorurtheilen gegen das Metall erklären, wie denn bekanntlich bei mehreren Völkern lange Zeit das Steinmesser für gewisse heilige Handlungen beibehalten worden ist, z. B. bei den Aegyptern und selbst bei den Juden. Auch dürfte vielleicht auf die kolossalen Dimensionen der Dolmen in der Bretagne nicht allzu grosses Gewicht gelegt werden, weil sehr viele heidnische Denkmäler unter den Nachfolgern Karls des Grossen zerstört wurden und vielleicht nur diejenigen erhalten sind, deren man nicht Herr werden konnte. Sollte sich diese Vermuthung bewähren, so würde sich der Kontrast zwischen den Dolmen der Bretagne und denen des südlichen Frankreichs und Afrikas bedeutend ausgleichen, und es müssten Letztere, besonders wegen ihres Inhalts, an Bedeutung gewinnen. Auch wäre alsdann der Beweis geführt, dass die Dolmen in die Zeit des Metalls, vielleicht sogar in die des Eisens fallen.

Es ist ausserdem in Erwägung zu ziehen, dass die in den Dolmen eingegrabenen Zeichen eine auffallende Aehnlichkeit mit denjenigen aus den grossen Grabhügeln von Irland verrathen und diese wieder eine solche mit Zeichnungen auf dem Kivik-Monument in Schonen[1]).

---

[1]) Hiermit soll nicht zugegeben werden, dass sämmtliche Schlussfolgerungen des Herrn Nilsson, namentlich in Betreff des Alters der Bronzeperiode, welche er als gleichzeitig mit dem Kivik-Monument betrachtet, richtig sind. Letztere Annahme scheint uns im Gegentheil nichts weniger als begründet, in so fern die Gegenstände, welche er in's Auge fasst, wirklich der Bronzezeit, und nicht der Eisenzeit angehören.

Nun hat bereits Nilsson mit grossem Scharfsinn in seinem Buch über die Ureinwohner von Skandinavien gezeigt, dass aller Wahrscheinlichkeit nach diese Inschriften auf einen orientalischen, wahrscheinlich phönizischen Sonnenkultus hinweisen. Sollte diese Annahme sich bewähren, so würden allerdings die Dolmen in ein weit weniger hohes Alter hinaufreichen, als man es bis jetzt vermuthet; womit wir jedoch nicht behaupten wollen, dass sie von den eigentlichen Galliern herstammen. Wir räumen vielmehr gerne ein, dass der statistische Nachweis des Herrn Bertrand über die Verbreitung der Dolmen und ihre Begränzung im Osten Frankreichs an seiner Bedeutung nichts verloren hat.

Was nun aber das Töpfergeschirr betrifft, welches in denselben gefunden worden, so hat es in Afrika sowohl wie in Südfrankreich viel Aehnlichkeit mit demjenigen aus den Pfahlbauten der Bronzezeit. Selbst die Gefässe aus den Dolmen der Bretagne, deren sorgfältige Beschreibung mit Abbildungen kürzlich von Herrn Dr. de Closmadeuc[1]) mitgetheilt worden ist, weisen durch ihre Verzierungen auf dieselbe Epoche hin.

Gehen wir jetzt zu den menschlichen Ueberresten aus den Dolmen über, so ist leider das Material aus den europäischen Monumenten bis jezt zu einer durchgreifenden Vergleichung nicht hinreichend[2]). Die afrikanischen Gräber der Dolmen versprechen in dieser Hinsicht mehr. Wir haben in der Sammlung des Museums von Algier wohlerhaltene Schädel aus den Dolmen von Guyotville gesehen, die sich durch eine anderwärts kaum vorkommende auffallende Länge und Schmäle auszeichnen und deren baldige Beschreibung und Veröffentlichung sehr wünschenswerth wäre. Am Verwandtesten scheinen sie uns mit denjenigen des Turiner Museums aus den Gräbern von Modena zu sein. Diese Form der sehr ausgesprochenen Langköpfe ist bekanntlich bei den Berbern, den muthmasslichen Nachkommen der alten

---

[1]) La Céramique des Dolmens. Revue archéologique, Avril 1865.

[2]) Herr Prof. C. Vogt bemerkt bei diesem Anlass, dass man in einem Dolmen bei Meudon einen Langkopf und einen Kurzkopf neben einander ausgegraben, was wohl darauf hindeuten dürfte, dass das Dolmenvolk schon andere Stämme in der Gegend wohnend fand.

Numidier, einheimisch, wie wir diess oben (S. 29) in Bezug auf die Bewohner des Suf zu erwähnen Gelegenheit gehabt. Sollte diese sehr gestreckte Schädelform sich auch in unseren europäischen Dolmen vorfinden, so läge darin ein Grund mehr zu der Annahme einer ethnographischen Verbindung zwischen dem Volke der Dolmen in allen seinen Stationen, vom Jordan und selbst von Madras bis an die Ostsee. Zu erwähnen ist noch, dass die Todten in sämmtlichen Dolmen in sitzender Stellung bestattet wurden, welcher Umstand in einem kürzlich erschienenen Aufsatz des Herrn Féraud) über die Dolmen von Constantine noch speziell hervorgehoben wird.

Ist aber die Identität der Dolmen in ihrem ganzen Verbreitungsbezirk durch äussere Form und Inhalt nachgewiesen, so ist es wohl mehr als gerechtfertigt, sie von da herzuleiten, wo sie am häufigsten sind, also von Süden nach Norden wandernd, und nicht umgekehrt von Norden nach Süden[2]). Somit hätten die Errichter der Dolmen sich von Vorderasien aus und vielleicht noch von weiter her, durch Oberägypten, wo auch ähnliche Monumente vorkommen sollen, über das ganze Gebiet des Atlas, das frühere Numidien, verbreitet, wo sie schon vor Jahrtausenden als weisses Volk unter dem Namen der *Tamhu* gekennzeichnet sind, wären dann von da über die Meerenge von Gibraltar, welche möglicherweise zu dieser Zeit noch nicht aufgerissen war, nach Europa gelangt und hätten sich die Küsten unseres Continents entlang, über Frankreich, England, Jütland, Dänemark, bis nach Ostpreussen hingezogen.

Welches Volk aber sollte dies gewesen sein, und in welcher Beziehung mag es zu den Urvölkern, deren Ueberreste uns in Gräbern und Pfahlbauten aufbewahrt worden sind, gestanden haben? Diess

---

[1]) Revue archéologique, Mars 1865.

[2]) Dabei ist nicht zu übersehen, dass gerade längs der Wege, die man gewöhnlich der Völkerwanderung anweist, keine derartigen Denkmäler nachgewiesen worden sind, weder im herzynischen Walde, noch an den Ufern der untern Donau. Die letzten Dolmen von der Ostsee landeinwärts nach Süden finden sich in Schlesien, bei Oppeln und Liegnitz. Es ist aber kaum glaublich, dass das genannte Volk, wenn es wirklich vom Orient über den Continent nach der Ostsee gewandert wäre, erst in Schlesien angefangen hätte, seine Monumente zu errichten.

ist eine Frage, die sich jedem Forscher auf diesem Gebiete mächtig aufdrängt. Wenn, laut Hrn. Bertrand, dieses dolmenbauende Küstenvolk nicht zu den Galliern zu zählen ist, so liegt darin eine direkte Aufforderung für unsere Alterthumsforscher, die Eigenthümlichkeiten dieses räthselhaften Volkes aufzusuchen und die etwaigen Unterschiede zwischen seinen Ueberresten und denen der ächten Gallier sorgfältig hervorzuheben. Es dürfte diess die Aufgabe der nächsten Zukunft sein. Einstweilen kann man nicht umhin, bei dieser Gelegenheit an die Iberischen Stämme (Bebrycer, Ligurier etc.) zu denken, deren Stammsitze allgemein nach Nordafrika verlegt werden.

Fehler-Verzeichniss.

Seite 8 Zeile 12 von unten statt „Blätter" lies „Aeste".
„ 9 „ 4 von oben statt „Dolden" lies „Rispen".
„ 9 „ 11 von oben statt „Atlasses" lies „Atlas".
„ 11 „ 3 streiche das Wort „auch".
„ 11 „ 18 statt „Hydroscopicität" lies „Hygroscopicität".
„ 12 „ 7 statt „60 Fuss" lies „160 Fuss".
„ 28 „ 4 ist der Name El-Oued auszustreichen.
„ 37 „ 4 statt „Tafel III" lies „Tafel II".
„ 55 „ 9 anstatt „Devaux" lies „Desvaux".
„ 57 „ 4 statt „Bata" liess „Batna".
„ 57 „ 4 von unten statt „Batnna" lies „Batna".
„ 63 „ 7 v. u. statt „einer Gemüthsäusserung" lies „um eine Gemüthsäusserung".